Descubra Juegos Gratis Online

Disponibles Aquí:

BestActivityBooks.com/FREEGAMES

5 CONSEJOS PARA EMPEZAR

1) CÓMO RESOLVER LAS SOPA DE LETRAS

Los rompecabezas tienen un formato clásico:

- Las palabras se ocultan sin espacios ni guiones,...
- Orientación: Las palabras pueden escribirse hacia delante, hacia atrás, hacia arriba, hacia abajo o en diagonal (pueden estar invertidas).
- Las palabras pueden superponerse o cruzarse.

2) APRENDIZAJE ACTIVO

Junto a cada palabra hay un espacio para anotar la traducción. Para fomentar un aprendizaje activo, un **DICCIONARIO** al final de esta edición te permitirá comprobar y ampliar tus conocimientos. Busca y anota las traducciones, encuéntralas en el puzzle y añádelas a tu vocabulario!

3) MARCAR LAS PALABRAS

Puedes inventar tu propio sistema de marcado. ¿Quizás ya usas uno? También puedes, por ejemplo, marcar las palabras difíciles de encontrar con una cruz, las que te gustan con una estrella, las nuevas con un triángulo, las raras con un diamante, etc.

4) ESTRUCTURAR EL APRENDIZAJE

Esta edición ofrece un **CUADERNO DE NOTAS** muy práctico al final del libro. En vacaciones, de viaje o en casa, podrás organizar fácilmente tus nuevos conocimientos sin necesidad de un segundo cuaderno!

5) ¿HABÉIS TERMINADO TODAS LAS PARRILLAS?

En las últimas páginas de este libro, en la sección **DESAFÍO FINAL**, encontrarás un juego gratis!

¡Rápido y sencillo! Echa un vistazo a nuestra colección de libros de actividades para tu próximo momento de diversión y aprendizaje, ¡a sólo un clic de distancia!

Encuentre su próximo reto en:

BestActivityBooks.com/MiProximoLibro

En sus marcas, listos, ¡Ya!

¿Sabías que hay unas 7.000 lenguas diferentes en el mundo? Las palabras son preciosas.

Nos encantan los idiomas y hemos trabajado duro para crear libros de la más alta calidad para tí. ¿Nuestros ingredientes?

Una selección de temas adecuados para el aprendizaje, tres buenas porciones de entretenimiento, y luego añadimos una cucharada de palabras difíciles y una pizca de palabras raras. Los servimos con cariño y máxima diversión para que puedas resolver los mejores juegos de palabras y te diviertas aprendiendo!

Tu opinión es esencial. Puedes participar activamente en el éxito de este libro dejándonos un comentario. Nos encantaría saber qué es lo que más le ha gustado de esta edición.

Aquí hay un enlace rápido a tu página de pedidos:

BestBooksActivity.com/Opiniones50

Gracias por tu ayuda y diviértete!

Todo el equipo

1 - Ajedrez

```
S Y Q H R D I A G O N A L A
F T E M P O E B I Z B B K Ĉ
D P R E S R I B S K F B O A
L U D A N T O U N B L A N M
W N N D T U R N O C O I K P
A K B D R E U E J N F O U I
O T P L J C G E Q T E B R O
C O L U P A S I V A R L S N
K J R D R E Ĝ O O D O A O O
N I E O Z D R G K H F N C U
Z J Ĝ L B L X C T Y E K U Z
O N I G R A V Y K F G A W S
S O N Y R E G U L O J H X Q
Q K O N T R A Ŭ U L O Q S V
```

BLANKA
ĈAMPIONO
KONKURSO
DIAGONALA
STRATEGIO
LUDO
LUDANTO
NIGRA
KONTRAŬULO

PASIVA
PUNKTOJ
REGULOJ
REĜINO
REĜO
OFERO
TEMPO
TURNO

2 - Agua

```
K V Q G L E H F J K P V D O
U A I S Y H J S J S L A H N
C P N G L A C I O G U P U D
V O U A F D T B V E V O M O
Q R N E L A G O B J O R I J
I O D M M O Y Y S T I D A
T F O C E A N O P E Y Ĝ E Y
B K N D F R I V E R O O C S
L G T U R A G A N O C R O B
G T I Ŝ O I R I G A D O S B
X Y M O S C L Z U L Y R H E
S J P Q T R I N K E B L E T
N O Z O O B K F N N E Ĝ O T
R G G Z Z B Q D I E T D C T
```

KANALO	LAGO
DUŜO	PLUVO
VAPORIĜO	NEĜO
GEJSERO	OCEANO
FROSTO	ONDOJ
GLACIO	TRINKEBLE
HUMIDECO	IRIGADO
URAGANO	RIVERO
INUNDO	VAPORO

3 - Granja #2

```
P  J  K  R  S  M  H  U  C  W  L  N  H  G
N  P  P  A  N  A  S  O  M  K  L  T  E  R
B  B  V  R  L  N  Y  A  R  M  E  C  R  E
V  Z  E  Y  A  Ĝ  W  X  W  D  W  J  B  N
J  J  K  S  K  O  H  A  U  F  E  W  E  E
F  R  U  K  T  O  F  B  S  W  L  O  J  J
T  L  F  W  O  O  Ŝ  A  F  I  D  O  O  O
R  C  V  Z  A  R  J  T  R  I  T  I  K  O
A  I  R  I  G  A  D  O  R  P  M  M  U  T
C  X  E  J  L  N  A  Z  D  U  A  A  L  K
T  K  L  E  G  O  M  O  W  A  T  I  T  H
O  T  D  A  N  S  E  R  O  J  U  Z  U  L
R  J  D  C  M  S  C  L  F  E  R  O  R  Q
G  G  V  W  K  O  K  W  Q  Ŝ  A  F  O  W
```

KULTURO	MATURA
BESTOJ	MAIZO
HORDEO	ŜAFO
MANĜO	ANASO
ŜAFIDO	HERBEJO
FRUKTO	IRIGADO
ANSEROJ	TRACTOR
GRENEJO	TRITIKO
LAKTO	LEGOMO
LAMO	

4 - Mueble

```
T T Z J S E L Z U M X Z S H
K R R B O M A T R A C O E A
U S E T F I M H N S D N Ĝ M
S W M M O W P O X X X D O A
E T L X A X O C B G J V F K
N T E L E R B R E T A R O O
O D B B R A K S E Ĝ O N M Y
J S K R I B O T A B L O W Q
L I T O E N H A O W S G U S
I R G D W T K D C R L I T O
T A P I Ŝ O O W L J O W M L
K U S E N O L J Z D K J X K
B E N K O K U R T E N O J J
W G B Z F A C S P E G U L O
```

TAPIŜO   SPEGULO
KUSENO   BRETOJ
BENKO   TREMARKTOROJ
LITO   HAMAKO
KUSENOJ   LAMPO
MATRACO   SEĜO
KURTENOJ   BRAKSEĜO
TELERBRETARO   SOFO
SKRIBOTABLO

5 - Pesca

```
B O A T O L X B I Q F P K W
Y R I V E R O H U U Y A O E
A J I A A B C Z O V O C R K
P X J K I C H E Z K F I B I
L W Z V O V H T D U O E O P
A O Q O K J J R W I Z N E A
Ĝ C G M V P G O L R P C L Ĵ
O C E A N O D I L I T O A O
P M A K Ĵ R R G G S M A G N
E G A Z R O A O P T Y W O V
Z Q Q E T E T F F O A M J Z
O R F L Y T O N A Ĝ I L O J
O H J O G V T D S E Z O N O
J M I B Z A O K A D Y O K E
```

AKVO	HOKO
NAĜILOJ	LAGO
BOATO	MAKZELO
BRIKOJ	OCEANO
DRATO	PACIENCO
LOGAĴO	PEZO
KORBO	PLAĜO
KUIRISTO	RIVERO
EKIPAĴO	SEZONO
TROIGO	

6 - Aviones

```
F G Y T U R B U L E C O R Y
Ĉ U I C L A A L I D N V I W
A I E Q E D S E U O K O F Q
K Z E L L F B E M Y X A Q N
S O D L O A T M O S F E R O
K A N B O B A L O N O R H P
I L E S U R T E R I Ĝ O E A
P T R F T N A V I G I Y L S
O E H I D R O G E N O A I A
L C X G X Z U A L T O N C Ĝ
H O K Y P I L O T O C R O E
A V E N T U R O R V H H J R
M O T O R O H I S T O R I O
G L E D D I R E K T O K U V
```

AERO
ALTECO
ALTO
SURTERIĜO
ATMOSFERO
AVENTURO
ĈIELO
FUELO
KONSTRUO
DIREKTO

BALONO
HELICOJ
HIDROGENO
HISTORIO
MOTORO
NAVIGI
PASAĜERO
PILOTO
SKIPO
TURBULECO

7 - Tipos de Cabello

```
M A L D I K A G N I G R A Z
X G P F D P V M R K B S S G
S M G O A I K H E I I D K W
B R A I D E D I H P Z O A P
S A N A R Ĝ E N T O N A L L
C X D C A S O F B Y J M V E
O Z T K B S P T M P Y B A K
B F Q N U E K A A Q G R J T
U L C L K K B O L E D I K A
K O A B L A R P L M O L A Ĵ
L N I N A S U R O O H A N O
O G M G K S N D N S R O E J
J A J D Y A A D G C Y A F B
B L O N D A Q U A Z O J J D
```

BLANKA	NIGRA
BRILA	ARĜENTO
KALVA	BUKLA
KOLORAJ	BUKLOJ
MALLONGA	BLONDA
MALDIKA	SANA
GRIZA	SEKA
DIKA	MOLA
LONGA	BRAIDED
BRUNA	PLEKTAĴOJ

8 - Ciencia Ficción

```
M T E S C E N O E M A S K A
M O L K I S E P D I T J H T
Z B N O S E K S T R E M A O
K R D D H P R C K I K K I M
K I N O O J L C N N N P M A
O R A K O L O O R D O L A I
F M I S T E R A D A L A G L
P A S Y C H N M L O O N A U
G D J S G V E J V X G E U Z
I W Z R O B O T O J I D T I
L I B R O J W U F F O O O O
F U T U R I S T A W V P P W
W G A L A K S I O G J V I O
R E A L I S M O G T J S O I
```

ATOMA	IMAGA
KINO	LIBROJ
SCENO	MISTERA
EKSPLODO	MONDO
EKSTREMA	ORAKOLO
MIRINDA	PLANEDO
FAJRO	REALISMO
FUTURISTA	ROBOTOJ
GALAKSIO	TEKNOLOGIO
ILUZIO	UTOPIO

9 - Juguetes

```
H E B W E G F Ŝ M R S K F L
K N W D W W N A I E F A H R
B I C I K L O K M L T M W S
F G D R P U P O D Y I I U S
K M Y F L I B R O J M O O G
B O T I U Ŝ S M O Q A N Q J
E O R G D A Q A T R G O P B
C C A V O T U V A O P A I N
V W J T J A K I M B O Ŭ L P
K G N E O T A A B O V T K Z
C G O O K A J D U T O O O I
A R G I L O T I R O H V W Q
A Z O Z L G O L O O H R E W
Q Q O I O W P O J E Z R H Y
```

ŜAKO
ARGILO
METIOJ
AVIADILO
BOATO
BICIKLO
PILKO
KAMIONO
AŬTO
KAJTO

ŜATATA
IMAGPOVO
LUDOJ
LIBROJ
PUPO
ROBOTO
ENIGMO
TAMBUROJ
TRAJNO

10 - Circo

```
B F T D T E N D O X A M O P
J E X X W O M U Z I K O T A
B O S L X T G Q L E O N O R
S I G T P A J A C O S T M A
I X L N O K A M J V T R A D
M N V E I J R U Z O U O G O
I N V Z T S A Z U S M H I Z
O Y G N M O T I G R O L O O
D Q U H A K R O B A T O W I
C G L S G E L E F A N T O Y
X X N R O U B R W E Y K S C
C M V I J V B A L O N O J Q
S P E K T A N T O F M D P X
G E P K T R S R X V J D N U
```

AKROBATO   MAGIO
BESTOJ   MAGO
BILETO   JOGNISTO
TENDO   SIMIO
PARADO   MONTRO
ELEFANTO   MUZIKO
AMUZI   PAJACO
SPEKTANTO   TIGRO
BALONOJ   KOSTUMO
LEONO   RUZO

11 - Rellenar

```
R  B  P  L  O  D  U  Z  S  Y  B  R  H  Y
V  A  Z  O  A  M  O  Y  X  P  X  Y  R  G
B  R  C  P  Ŝ  O  V  S  K  A  H  P  D  A
O  E  Z  B  S  O  X  A  I  K  O  R  B  O
T  L  V  A  L  I  Z  O  B  E  S  A  K  O
E  O  T  S  Z  W  K  J  Q  T  R  H  J  B
L  G  U  E  U  Y  E  A  N  O  F  U  O  Q
O  L  B  N  G  M  S  C  R  E  Y  Z  J  J
V  M  O  O  C  F  T  S  I  T  E  L  O  O
K  O  V  E  R  T  O  E  N  X  O  Q  B  W
P  L  A  T  O  X  O  G  Q  N  Y  N  K  Q
Y  F  V  U  X  R  F  P  B  N  D  R  O  L
I  W  C  B  K  B  O  N  M  Z  M  I  D  S
Q  N  L  D  J  V  C  Q  E  N  B  P  Z  A
```

PLATO	KORBO
BARELO	SITELO
SAKO	BASENO
POŜO	VAZO
BOTELO	VALIZO
KESTO	PAKETO
DOSIERUJO	KOVERTO
KARTONO	TUBO

12 - Granja #1

```
G  P  L  C  M  S  U  S  S  G  A  L  B  S
K  A  U  K  R  T  W  G  P  M  C  C  A  S
A  U  Z  M  I  E  L  O  F  U  J  L  R  Z
O  R  I  K  Z  R  K  O  K  I  D  O  I  O
Ĉ  D  C  T  O  K  B  A  C  S  H  R  L  R
K  E  T  E  I  O  W  I  T  F  U  A  O  S
A  T  V  W  K  W  S  X  E  O  N  B  B  E
M  U  Y  A  Z  E  N  O  R  J  D  E  O  M
P  L  H  B  L  A  K  V  O  N  O  L  V  O
O  G  H  O  N  O  V  A  A  O  C  O  I  J
K  O  R  V  O  N  C  Y  P  Q  T  G  N  G
A  G  R  I  K  U  L  T  U  R  O  F  O  H
V  F  B  D  C  Y  E  G  L  C  O  M  S  B
N  B  C  O  G  U  S  M  U  Y  W  J  M  E
```

ABELO	KATO
AGRIKULTURO	FOJNO
AKVO	MIELO
RIZO	HUNDO
AZENO	KOKIDO
ĈEVALO	SEMOJ
KAPRO	BOVIDO
KAMPO	TERO
KORVO	BOVINO
STERKO	BARILO

13 - Camping

```
L I N S E K T O B E S T O J
A Ĉ A S A D O E K I P A Ĵ O
N A T I N E E B W K E N L A
T P U F H G A P Q A B S J V
E E R L A K P X W Y V I M E
R L O Z M J T Y Q Y H J L N
N O Y C A V R C K A N U O T
O X P D K O B O O K E I B U
A M P M O N T O M A D A F R
P R L T A O U N P B A P J O
C T B U L P Z E A A L U N O
K N T A R B O J S N A R J O
Z M C F R E S K O O G U Q E
Ŝ N U R O O B Y M N O V U D
```

BESTOJ
AVENTURO
ARBOJ
ARBARO
KOMPASO
KABANO
KANUO
ĈASADO
ŜNURO
EKIPAĴO

FAJRO
HAMAKO
INSEKTO
LAGO
LANTERNO
LUNO
MAPO
MONTO
NATURO
ĈAPELO

14 - Fruta

```
P  G  D  Y  B  N  E  X  J  I  J  P  P  V
J  K  D  Y  X  P  E  R  S  I  K  O  I  I
A  N  A  N  A  S  O  K  G  W  I  M  R  N
A  B  R  I  K  O  T  O  T  S  V  O  O  B
A  L  B  W  M  Y  N  E  H  A  O  Y  T  E
K  L  A  A  V  O  K  A  D  O  R  B  E  R
O  M  N  M  E  L  O  N  O  V  H  I  Q  O
K  Z  A  M  C  O  F  X  J  I  E  D  N  W
O  G  N  S  I  R  O  R  P  A  P  A  J  O
S  U  O  H  T  A  Y  X  A  V  A  X  B  K
O  V  J  Z  R  N  A  V  B  M  K  S  E  Y
M  A  N  G  O  Ĝ  N  B  Y  U  B  N  R  K
Y  V  J  Y  N  O  K  C  K  V  X  O  O  U
P  O  R  E  O  Ĉ  E  R  I  Z  O  A  D  W
```

AVOKADO	POMO
ABRIKOTO	PERSIKO
BERO	MELONO
ĈERIZO	ORANĜO
KOKOSO	NEKTARINO
FRAMBO	PAPAJO
GUVAVO	PIRO
KIVO	ANANASO
CITRONO	BANANO
MANGO	VINBERO

15 - Geología

```
T  K  F  C  V  U  L  K  A  N  O  S  A  D
K  E  V  O  H  P  V  A  K  P  S  T  L  J
O  R  R  A  S  E  S  L  A  V  O  A  T  F
N  O  J  T  R  I  A  C  V  N  O  L  E  K
T  Z  J  H  R  C  L  I  E  Ŝ  P  A  B  R
I  I  I  W  E  E  O  R  T  M  G  E  I
N  O  C  S  F  K  M  T  N  O  Q  M  N  S
E  X  Z  A  C  I  D  O  O  N  D  I  A  T
N  K  M  I  N  E  R  A  L  O  J  T  Ĵ  A
T  O  S  T  A  L  A  K  T  I  T  O  O  L
O  R  X  T  R  D  L  Y  T  S  M  J  G  O
T  A  V  O  L  O  C  D  O  T  F  W  M  J
C  L  F  O  F  F  E  Z  O  O  J  H  B  R
E  O  B  W  G  E  J  S  E  R  O  V  N  R
```

ACIDO
KALCIO
TAVOLO
KAVERNO
KONTINENTO
KORALO
KRISTALOJ
KVARCO
EROZIO
STALAKTITO

STALAGMITOJ
FOSILO
GEJSERO
LAVO
ALTEBENAĴO
MINERALOJ
ŜTONO
SALO
TERTREMO
VULKANO

16 - Plantas

```
Ĝ A R D E N O Y U Y M E W G
A P P R A D I K O B E R O U
F V E G E T A Ĵ A R O Z S X
B O T A N I K O Y F A B O Q
U B A R B U S T O S L F X K
U S L P Q A S K A K T O H T
H T O R C F R A R B O L R W
E E V J D L B B A Y V I G O
D R R Y C O A K A V I O M F
E K R B H R M R N R P J U O
R O T A O A B N X M O Q S L
O L T J H W U B U H E B K I
G E A M G W O B N J R G O O
S W Y Z R U C A R W K S F B
```

ARBUSTO
ARBO
BAMBUO
BERO
ARBARO
BOTANIKO
KAKTO
STERKO
FLORO
FLORA

FOLIOJ
FABO
HEDERO
HERBO
FOLIO
ĜARDENO
MUSKO
PETALO
RADIKO
VEGETAĴARO

17 - Suministros de Arte

```
I  N  K  O  E  T  A  B  L  O  X  K  M  A
D  U  N  O  R  G  K  X  R  J  P  R  U  R
E  Q  H  N  A  W  R  X  W  O  A  A  V  G
O  S  Q  R  S  M  I  L  P  U  S  J  H  I
J  W  T  C  E  T  L  Z  D  K  T  O  O  L
K  P  Z  A  R  K  I  B  G  A  E  N  J  O
Y  A  U  B  B  J  K  F  A  H  L  O  A  F
O  P  O  K  Z  L  O  O  L  E  O  J  C  W
E  E  S  E  Ĝ  O  O  T  I  J  J  H  O  R
K  R  E  A  V  O  L  I  A  G  L  U  O  M
T  O  K  A  R  B  O  L  E  K  X  R  M  T
K  O  L  O  R  O  J  O  W  A  V  C  E  E
A  K  V  A  R  E  L  O  J  W  O  O  F  B
W  P  Z  U  O  G  W  A  A  I  T  T  Y  O
```

OLEO	KOLOROJ
AKRILIKO	KREAVO
AKVARELOJ	IDEOJ
AKVO	KRAJONOJ
ARGILO	TABLO
ERASER	PAPERO
ESTABLO	PASTELOJ
KARBO	GLUO
FOTILO	SEĜO
BROSOJ	INKO

18 - Jardín

```
P C A S T E R A S O C G V H
U Q R T R U L O R L C A E A
Q E B U A I A K S B I R R M
A A U K M B E N K O O A A A
H C S O P Z I W Z Y D Ĝ N K
X Q T Ŝ O V E L I L O O D O
S G O I L A G E T O Y D O P
B H L I I Ĝ A R D E N O F F
B W I E N G A Z O N O Y N Y
M A C B O F N Z H E R B O J
H E R B O L V U N R A P H N
P T O I D O A J B A S I O S
T D E U L R Y O S N T G S Y
A M Q W L O E D X Q I R O K
```

ARBUSTO
ARBO
BENKO
GAZONO
LAGETO
FLORO
GARAĜO
HAMAKO
HERBO
ĜARDENO

HERBOJ
HOSO
ŜOVELILO
VERANDO
RASTI
TRULO
TERASO
TRAMPOLINO
BARILO

19 - Países #2

```
I  R  L  A  N  D  O  R  R  G  A  S  A  D
N  Z  E  K  D  F  F  T  Q  L  L  U  Ŭ  A
D  S  T  Q  V  P  R  X  Z  K  B  D  S  N
O  H  I  V  G  Q  A  U  U  M  A  A  T  I
N  I  O  P  U  O  N  K  S  E  N  N  R  O
E  W  P  W  Z  W  C  R  I  K  I  O  A  X
Z  I  I  D  W  J  I  A  R  S  O  W  L  A
I  J  O  W  Q  X  O  I  I  I  T  T  I  W
O  A  L  A  O  S  O  N  O  K  L  A  O  R
O  P  M  G  R  E  K  I  O  O  Q  Z  N  G
U  A  Ŭ  S  T  R  I  O  R  U  S  I  O  O
Q  N  P  O  R  T  U  G  A  L  I  O  P  M
X  I  J  A  M  A  J  K  O  U  E  D  Y  O
J  O  I  M  Z  I  I  U  G  A  N  D  O  R
```

ALBANIO	JAPANIO
AŬSTRALIO	LAOSO
AŬSTRIO	MEKSIKO
DANIO	PAKISTANO
ETIOPIO	PORTUGALIO
FRANCIO	RUSIO
GREKIO	SIRIO
INDONEZIO	SUDANO
IRLANDO	UKRAINIO
JAMAJKO	UGANDO

20 - Tecnología

```
R U Q S O F T V A R O E A S
U Q C S E K U R E C O S I T
W D J H W U C I X B D P N A
E D O V I R U S O T X L T T
I P Z T D S F O T I L O E I
D A T U M O D J F P V R R S
E I O C T R S I K A I A R T
K O G I Q O A R Y R R D E I
R U X I M E S A Ĝ O T O T K
A W R E T U M I L O U R O O
N A B Q B A J T O J A F N Z
O M X X R D L H E Y L A L B
D O S I E R O O D T A C B E
K O M P U T I L O I K P P U
```

DOSIERO   ESPLORADO
BAJTOJ   MESAĜO
FOTILO   RETUMILO
KURSORO   KOMPUTILO
DATUMO   EKRANO
DIGITALO   SEKURECO
STATISTIKO   SOFTVARO
TIPARO   VIRTUALA
INTERRETO   VIRUSO

21 - Números

```
D U D E K D U S E P F M F F
W K T K V E T R I A I B W Q
S S M U O C D E K T R I S D
D D E K F I E Y V K R D Z U
D E K D U M K Y A F N R K K
S K V I N A K E R Z U D R W
G S N C P L V F T R L E L Z
R E E P D A I N C E Y L D J
M P G S N G N O M L G Y E O
D E K N A Ŭ N R W T W N K K
K E I W D Q A A V V L M K Q
O I K S Z J Ŭ O I H A O V N
G K Q O D E K S E S V Y A U
F Y I X K U G A O V K W R O
```

DEK KVAR	DEK DU
NUL	DU
KVIN	NAŬ
KVAR	OK
DECIMALA	DEK KVIN
DEK NAŬ	SES
DEK OK	SEP
DEK SES	DEK TRI
DEK SEP	TRI
DEK	DUDEK

22 - Mitología

```
C  K  Y  R  W  T  Z  D  J  O  I  M  W  K
J  J  V  L  Ĉ  M  O  R  T  A  W  I  Ĵ  A
S  W  I  T  I  K  G  N  J  L  N  L  A  T
L  E  U  H  E  R  O  O  D  F  W  I  L  A
H  A  N  O  L  E  O  F  F  R  K  T  U  S
A  V  B  M  O  O  C  O  F  U  O  O  Z  T
O  V  R  I  O  H  S  R  U  E  N  H  O  R
E  E  H  V  R  R  U  T  L  Y  D  D  D  O
O  N  J  L  Q  I  T  O  M  H  U  Q  U  F
S  Ĝ  L  S  J  W  N  E  O  Q  T  Q  T  O
M  O  N  S  T  R  O  T  C  E  O  S  T  B
K  U  L  T  U  R  O  C  O  O  T  X  V  I
A  R  K  E  T  I  P  O  K  R  E  D  O  J
L  E  G  E  N  D  O  B  E  S  T  O  E  W
```

ARKETIPO	MILITO
ĴALUZO	HEROO
ĈIELO	SENMORTECO
KONDUTO	LABIRINTO
KREO	LEGENDO
KREDOJ	MONSTRO
BESTO	MORTA
KULTURO	FULMO
KATASTROFO	TONDRO
FORTO	VENĜO

23 - Ecología

```
T U T M O N D A F N N E R D
X B F K B K L I M A T O S A
M D I V E R S E C O Ŭ F L Ŭ
S A U B V F C N K E N N N R
E A R Z V A R I O P A A O I
K G A A E J L I M L T T R G
E C G L G B S S U A U U A E
C R I M E D O J N N R R F B
O S A Z T X E F U T A O V L
P P B N A R T C M O F H T A
D E U P Ĵ V J G O J V Q C P
K C Z K A T H Y J M A R Ĉ O
G I B P R S U P E R V I V O
F O M M O Q B X V F L O R A
```

KLIMATO

KOMUNUMOJ

DIVERSECO

SPECIO

FAŬNO

FLORA

TUTMONDA

MARA

NATURA

NATURO

MARĈO

PLANTOJ

RIMEDOJ

SEKECO

DAŬRIGEBLA

SUPERVIVO

VARIO

VEGETAĴARO

24 - Herramientas

```
T E N A J L O J N T Z S T A
O G H O S S J N F J S V B K
R L B P X V Ŝ O V E L I L O
Ĉ U P B Y A N C B B Q J D O
O O K M R I U B P L S C N T
Ŝ M Q A A G R A F I L O U R
T E M L B Z O N J W M G Q A
U G A E H L T O N D I L O N
P R R O H R O P V R Ŝ A Z Ĉ
E A T K B A A T J B R V V I
T Z E K T U K D W F A I N L
A I L J O U V I O V Ŭ F I O
R L O S B Z N N L J B G R Y
O O Q O F X L R C O O W E E
```

TENAJLOJN	MARTELO
TORĈO	MALEO
KABLO	RAZILO
TRANĈILO	ŜOVELILO
ŜNURO	GLUO
ŜTUPETARO	RADO
AGRAFILO	TONDILO
HAKILO	ŜRAŬBO

25 - Casa

```
B V A K S P P K R A N O B G
A V C D U M O L A M P O I A
L H S R B I G R A T I S B R
A K P O T O R S D N L U L A
O M S M E N K E L O K H I Ĝ
Q S Z O G B W O J V G O O O
O Ĝ B Ĉ M D D X F O U J T V
V A T A E Q E S R B X Q E S
X R A M N B F P N K B T K K
G D P B T V O E D U Ŝ O O U
R E I R O T E G M E N T O R
F N Ŝ O F A M U R O H D N G
B O O B A R I L O F A J R O
F E N E S T R O S N T E O B
```

TAPIŜO	KRANO
SUBTEGMENTO	ĜARDENO
BIBLIOTEKO	LAMPO
FAJRO	MURO
KUIREJO	PLANKO
DROMOĈAMBRO	PORDO
DUŜO	KELO
BALAO	TEGMENTO
SPEGULO	BARILO
GARAĜO	FENESTRO

26 - Artes Visuales

```
P E R S P E K T I V O X Y E
C E R A M I K O G E I R Y S
D U K R P P O R T R E T O T
R T R G E A P J V A K S O A
U W E I N R H G F R R W Z B
S W T L T K Ŝ R Q T E X T L
Ĉ K O O R I A F O I A G P O
E R U G O T B I K S V B I H
F A M L Y E L L Q T O O U N
V J O A P K O M P O N A D O
E O M Z D T N O L S F G E W
R N I U B U A Y U H C O I A
K O G R Q R T Ĵ M D Y H T T
O H H O N O O L O N O I L O
```

ARGILO
ARKITEKTURO
ARTISTO
GLAZURO
ESTABLO
VAKSO
CERAMIKO
KOMPONADO
KREAVO
SKULPTAĴO

FOTO
KRAJONO
ĈEFVERKO
FILMO
PERSPEKTIVO
PENTRO
ŜABLONA
PLUMO
PORTRETO
KRETO

27 - Escuela #2

```
D I N S T R U I S T O L P N
K O M P U T I L O V T S M B
W P R O V I Z O J E D U K O
D B C S P A P E R O O N O L
U P K Y O T O N D I L O D E
L Z U Q A S V O R T A R O G
X U F E O I A N C J B Z L A
B F D D L E B K D K R G I D
R Y X O O S X U O T M Y B O
U I O C J P V E S T O J R O
G R A M A T I K O O N J O J
A K A D E M I A I L P T J E
K R A J O N O S C I E N C O
B I B L I O T E K O J J P S
```

AKADEMIA   LEGADO
BUSO   LIBROJ
BIBLIOTEKO   DORSOSAKO
SCIENCO   KOMPUTILO
VORTARO   PAPERO
EDUKO   INSTRUISTO
GRAMATIKO   VESTOJ
LUDOJ   PROVIZOJ
KRAJONO   TONDILO

28 - Selva Tropical

```
K  L  I  M  A  T  O  U  S  B  X  R  D  D
B  O  T  A  N  I  K  O  U  I  D  E  U  I
G  U  M  M  H  V  U  T  V  R  S  S  O  V
R  I  F  U  Ĝ  O  M  P  Z  D  B  P  C  E
L  M  S  L  N  A  T  U  R  O  D  E  H  R
I  R  D  O  E  U  F  A  S  J  Y  K  N  S
N  E  S  J  R  P  M  A  L  K  I  T  U  E
D  S  L  T  I  J  X  O  B  P  O  O  B  C
I  T  K  O  N  S  E  R  V  A  D  O  O  O
Ĝ  A  N  G  A  L  O  U  S  T  W  I  J  A
E  R  S  U  P  E  R  V  I  V  O  K  M  T
N  O  S  P  E  C  I  O  V  A  L  O  R  A
A  A  M  F  I  B  I  O  J  J  J  O  S  Q  A
I  N  S  E  K  T  O  J  R  J  K  V  X  L
```

AMFIBIOJ	NATURO
BOTANIKO	NUBOJ
KLIMATO	BIRDOJ
KOMUNUMO	KONSERVADO
DIVERSECO	RIFUĜO
SPECIO	RESPEKTO
INDIĜENA	RESTARO
INSEKTOJ	ĜANGALO
MAMULOJ	SUPERVIVO
MUSKO	VALORA

29 - Colores

```
E  V  P  O  R  V  E  Z  O  E  B  F  U  H
N  K  Q  G  V  I  N  Y  J  P  L  U  C  N
T  F  Y  M  C  E  J  A  N  A  A  C  Q  Z
V  S  S  Y  F  L  R  U  Ĝ  A  N  H  N  D
S  F  B  S  H  H  Q  D  S  F  K  S  C  X
A  E  L  A  Z  U  R  O  A  W  A  I  M  H
K  D  P  A  T  N  U  H  Q  H  R  O  S  F
B  C  Q  I  V  I  I  R  S  W  O  Z  M  L
N  U  P  T  O  G  B  S  L  G  R  I  Z  A
J  B  L  U  A  R  R  Z  H  S  A  Y  J  J
R  O  Z  O  Q  A  U  I  T  D  N  P  J  B
G  R  X  A  V  K  N  F  Z  A  Ĝ  P  T  F
V  I  O  L  A  W  A  C  R  A  O  Z  R  G
B  A  F  L  A  V  A  P  U  R  P  U  R  A
```

FLAVA
BLUA
LAZURO
FLAVGRIZA
BLANKA
CEJANA
FUCHSIO
GRIZA
BRUNA

ORANĜO
NIGRA
PURPURA
RUĜA
ROZO
SEPIO
VERDA
VIOLA

30 - Adjetivos #1

```
G M A L R A P I D A M A S P
Y R B Z D C J J V G A M E E
A T A B S O L U T A L B N R
L E D N L A E N X P L I K F
L D M S D S T A Y K U C U E
A S U E G A I W V R M I L K
B L V R A R O M A J A A P T
R W L I B P L M L K M O A A
I X H O N E S T O E B B Y R
L M T Z G Z Q M R D Q W T A
O G R A V A C B A P E E L X
M A L A V A R A O F I R J F
A K T I V A T L M O P A N W
G R A N D E G A Z P S M P A
```

ABSOLUTA	GRAVA
AKTIVA	SENKULPA
AMBICIA	JUNA
AROMAJ	MALRAPIDA
ALLOGA	MODERNA
BRILO	MALLUMA
GRANDEGA	PERFEKTA
MALAVARA	PEZA
GRANDA	SERIOZA
HONESTO	VALORA

31 - Familia

```
O  F  A  H  R  Q  U  F  S  G  K  T  Z  F
A  N  R  P  A  T  R  I  N  O  S  J  F  X
M  M  K  A  A  V  I  N  O  I  D  Z  Z  T
G  C  U  L  T  M  W  I  P  V  Z  J  W  H
W  Y  H  F  I  O  M  N  Q  P  A  T  R  O
L  W  I  I  G  N  G  F  N  A  W  L  D  F
K  D  O  L  E  K  O  A  E  T  O  B  A  R
G  U  U  I  D  L  E  N  P  R  A  A  U  A
O  V  Z  N  Z  O  V  O  O  I  V  O  E  T
B  M  W  O  O  I  N  F  A  N  O  J  D  I
I  N  F  A  N  A  Ĝ  O  Q  A  A  N  Z  N
P  R  A  P  A  T  R  O  K  Y  F  E  I  O
L  K  N  E  V  I  N  O  Q  R  J  V  N  U
G  T  U  S  L  A  K  L  N  U  B  O  O  X
```

AVINO	PATRINA
AVO	NEPO
PRAPATRO	INFANO
EDZINO	INFANOJ
FRATINO	PATRO
FRATO	KUZO
FILINO	NEVINO
INFANAĜO	NEVO
PATRINO	ONKLINO
EDZO	ONKLO

32 - Disciplinas Científicas

```
T W U I N E U R O L O G I O
L E I S M E T E O L O G I O
I X R A B U L X I A E Y G B
N F G M I H N D C S K M A I
G I E A O E D O T T O E R O
V Z O N L D Z Y L R L K K K
I I L A O X I G P O O A E E
S O O T G J Y N F N G N O M
T L G O I U N F A O I I L I
I O I M O K U R B M O K O O
K G O I K C E M V I I O G N
O I K O M V X M L O Z K I J
B O T A N I K O I O R P O S
D R M I N E R A L O G I O R
```

ANATOMIO
ARKEOLOGIO
ASTRONOMIO
BIOLOGIO
BIOKEMIO
BOTANIKO
EKOLOGIO
FIZIOLOGIO
GEOLOGIO

IMUNOLOGIO
LINGVISTIKO
MEKANIKO
METEOLOGIO
MINERALOGIO
NEUROLOGIO
KEMIO
TERMODINAMIKO

33 - Gatos

```
R R M T F R E N E Z A G D O
F M I E L K R T D B M X W L
P B D K T U N A H A U X E G
N V Y S T R Y J P F Z M T A
S T Ĉ A S I S T O I A L T Y
X E S Ĵ O O V N L U D E M A
D M N O A Z S Q H Q R E T L
O L R D P A R G W M D F I K
D B F Z E O Z Y F U S W M L
V O S T O P F R C S O P I P
P E R S O N E C O O V A T J
X F H M C N L N R Y A W A C
W K W I I E T A D M Ĝ F R V
U N G E G O O M W A A R I C
```

ĈASISTO
VOSTO
KURIOZA
DORMI
UNGEGO
AMUZA
TEKSAĴO
SENDEPENDA
LUDEMA

FRENEZA
PAW
PERSONECO
FELTO
ETA
MUSO
RAPIDE
SOVAĜA
TIMITA

34 - Cocina

```
T  A  B  U  Ŝ  T  U  K  O  M  C  Ĉ  S  F
R  A  N  O  T  F  Y  R  S  A  H  E  P  R
N  U  S  T  V  C  I  U  P  N  O  R  O  O
L  G  T  O  A  L  J  Ĉ  E  Ĝ  P  P  N  S
V  Y  P  S  J  Ŭ  O  O  C  O  S  I  G  T
D  R  E  C  E  P  T  O  O  H  T  L  O  U
V  A  Z  O  F  H  J  U  J  H  I  O  K  J
J  Z  Y  G  Z  N  E  L  K  F  C  X  U  O
M  B  K  A  L  D  R  O  N  O  K  Q  L  H
G  R  I  L  O  C  S  U  P  R  S  C  E  L
F  R  I  D  U  J  O  O  E  N  W  W  R  W
R  K  T  R  A  N  Ĉ  I  L  O  J  D  O  N
M  O  W  A  P  G  P  F  O  R  K  O  J  B
A  G  L  Y  W  Q  Z  L  Z  E  T  N  Q  Q
```

KALDRONO	KRUĈO
MANĜO	CHOPSTICKS
FROSTUJO	GRILO
KULEROJ	RECEPTO
ĈERPILO	FRIDUJO
TRANĈILOJ	BUŜTUKO
ANTAŬTUKO	VAZO
SPECOJ	TASOJ
SPONGO	BOVLO
FORNO	FORKOJ

35 - Escuela #1

```
W  A  D  B  U  X  U  Z  B  Z  L  R  B  S
U  M  S  O  P  A  P  E  R  O  I  E  I  K
N  U  U  Z  S  N  T  N  J  T  B  S  B  R
O  Z  W  T  E  I  K  N  W  P  R  P  L  I
J  A  O  I  Ĝ  K  E  N  M  F  O  O  I  B
K  R  A  J  O  N  O  R  I  R  J  N  O  O
A  S  Q  P  U  D  D  Z  U  V  X  D  T  T
T  A  G  M  A  N  Ĝ  O  I  J  X  O  E  A
O  I  N  S  T  R  U  I  S  T  O  J  K  B
E  K  Z  A  M  E  N  O  J  D  X  J  O  L
M  A  T  E  M  A  T  I  K  O  X  G  C  O
P  L  U  M  O  J  I  F  A  M  I  K  O  J
A  L  F  A  B  E  T  O  O  X  U  R  C  Y
K  L  A  S  Ĉ  A  M  B  R  O  J  L  B  T
```

ALFABETO
TAGMANĜO
AMIKOJ
KLASĈAMBRO
BIBLIOTEKO
DOSIERUJOJ
AMUZA
SKRIBOTABLO
EKZAMENOJ

KRAJONO
LIBROJ
MATEMATIKO
PAPERO
PLUMOJ
INSTRUISTO
RESPONDOJ
SEĜO

36 - Adjetivos #2

```
O  F  R  E  Ŝ  A  M  N  Q  Z  W  W  S  N
J  N  E  W  U  G  K  A  A  L  F  P  P  O
C  Q  S  E  K  A  Z  I  N  T  F  C  I  R
S  A  P  O  P  N  T  H  F  Ĝ  U  N  C  M
P  R  O  D  U  K  T  I  V  A  E  R  A  A
M  F  N  K  V  R  U  D  C  H  F  B  A  L
N  O  D  O  O  E  U  R  F  U  I  S  L  A
W  R  E  S  V  A  F  A  M  A  E  A  A  A
R  T  X  O  S  A  M  M  N  B  R  L  C  Y
P  A  I  E  L  E  G  A  N  T  A  A  A  E
A  X  O  G  V  L  H  N  G  B  P  J  Q  L
I  N  T  E  R  E  S  A  Y  C  N  Z  Y  G
U  F  V  N  Q  S  A  N  A  J  M  N  L  L
P  R  I  S  K  R  I  B  A  J  Z  M  X  Y
```

LACA	NATURA
MANĜEBLA	NORMALA
KREA	NOVA
PRISKRIBA	FIERA
DRAMAN	SPICA
ELEGANTA	PRODUKTIVA
FAMA	RESPONDE
FREŜA	SALAJ
FORTA	SANA
INTERESA	SEKA

37 - Cuerpo Humano

```
L A N G O N F G Z Z Q E K A
H B H F L A V I E B R N U S
A T Y I Z Z I K N N X Q B A
V I Z A Ĝ O O A V G U I U N
Ŝ M I V Q B K P R L R O T G
Q U H H S R U O V C E O O O
T M L A S X L G W E K D N Z
Q T V T U W O Q K R G H L H
M A N O R E L O K B U Ŝ O B
X G B K K O A V R O Y K B X
H M E N T O N O U Y K O L O
M A L E O L O H R S T R O E
K T Z T D E Y P O T G O A B
K G F D N F K I P Y K V U K
```

MENTONO
BUŜO
KAPO
VIZAĜO
CERBO
KUBUTO
KORO
KOLO
FINGRO
ŜULTRO

LANGO
MANO
NAZO
OKULO
ORELO
KRURO
GENUO
SANGO
MALEOLO

38 - Ciencia

```
H M G O I V E G L G H A L F
E I U L Q S V F R T L K I I
K N P P M F O O E A Z E Y Z
S E O O E G L S U V V M P I
P R R M T D U I S V P I Y K
E A G O O E O L N F A K T O
R L A B D X Z O J A E O B O
I O N C O U H O E X T V Z Y
M J I P L A N T O J V U V F
E E S M O L E K U L O J R Q
N R M L A B O R A T O R I O
T O O S C I E N C I S T O Z
O J Y K L I M A T O O N Z Y
A Y D A T U M O A T O M O Q
```

ATOMO   HIPOTEZO
SCIENCISTO   LABORATORIO
KLIMATO   METODO
DATUMO   MINERALOJ
EVOLUO   MOLEKULOJ
EKSPERIMENTO   NATURO
FIZIKO   ORGANISMO
FOSILO   EROJ
GRAVITO   PLANTOJ
FAKTO   KEMIKO

39 - Dinosaurios

```
C B T E R O T B J F G I E P
H D I R A P T O R L R V N O
H E R B I V O R O U A M O T
G Z M Y R M R P Q G N R R E
I Q M K Z B P S T I D E M N
F O Z V X W B P V L E P A C
V O M A L A P E R O C T D A
G O S N J Y R C J J O I I Y
R D S I I P E I E V O L U O
A S B T L V D O S W S I A A
N I I J O O O F R T O O O A
D W Z J B P J R M A M U T O
A V I C I O S A E Q O R W L
P R A H I S T O R I A T D P
```

FLUGILOJ
VOSTO
MALAPERO
ENORMA
SPECIO
EVOLUO
FOSILOJ
GRANDA
HERBIVORO
MAMUTO

OMNIVORE
POTENCA
PRAHISTORIA
PREDO
RAPTOR
REPTILIO
GRANDECO
TERO
VICIOSA

40 - Restaurante #2

```
F  D  D  S  P  E  C  O  J  X  U  X  G  E
O  R  X  X  U  A  K  Q  E  J  B  J  G  M
R  P  U  A  X  P  T  A  G  M  A  N  Ĝ  O
K  Q  J  K  U  K  O  S  A  L  O  O  T  V
O  F  X  V  T  B  T  L  A  W  L  X  R  E
L  P  C  O  S  O  K  U  L  E  R  O  I  S
E  J  I  X  Y  N  J  E  G  S  F  N  N  P
G  Z  I  J  T  A  H  U  L  T  Q  W  K  E
O  V  O  J  L  J  D  E  A  N  N  X  A  R
M  T  N  J  B  F  A  E  C  W  E  C  Ĵ  M
O  V  M  S  R  I  Q  L  I  S  G  R  O  A
J  B  W  X  O  Ŝ  L  B  O  E  V  A  O  N
Z  O  C  Y  Q  O  G  C  C  Ĝ  K  D  G  Ĝ
S  A  L  A  T  O  K  J  D  O  Z  G  D  O
```

AKVO
TAGMANĜO
TRINKAĴO
KELNERO
VESPERMANĜO
KULERO
BONAJ
SALATO
SPECOJ
FRUKTO

GLACIO
OVOJ
KUKO
FIŜO
SALO
SEĜO
SUPO
FORKO
LEGOMOJ

41 - Profesiones #1

```
F  D  A  A  J  P  L  U  M  B  I  S  T  O
P  A  O  D  M  U  Z  I  K  I  S  T  O  A
B  T  J  M  V  B  V  H  Q  Q  E  O  C  M
A  L  Ĉ  R  D  O  G  E  O  L  O  G  O  B
N  E  A  K  O  N  K  E  L  K  Y  K  A  A
K  T  S  S  K  F  E  A  F  I  X  A  S  S
I  O  I  X  T  U  O  X  T  B  S  R  T  A
S  B  S  V  O  I  G  M  B  O  Y  T  R  D
T  M  T  T  R  E  J  N  I  S  T  O  O  O
O  X  O  K  O  M  J  X  H  S  B  G  N  R
D  A  N  C  I  S  T  O  R  K  T  R  O  O
R  E  D  A  K  T  O  R  O  K  X  A  M  J
P  I  A  N  I  S  T  O  I  S  O  F  O  G
P  S  I  K  O  L  O  G  O  U  K  O  B  I
```

ADVOKATO   REDAKTORO
ASTRONOMO   AMBASADORO
ATLETO   TREJNISTO
DANCISTO   PLUMBISTO
BANKISTO   GEOLOGO
FAJROFOMISTA   JUVELISTO
KARTOGRAFO   MUZIKISTO
ĈASISTO   PIANISTO
DOKTORO   PSIKOLOGO

42 - Vehículos

```
T X M A V I A D I L O U D H
R Z O O M W A B L W Z P G E
A E T A C B N V F P X R S L
C D O T X E U A Ŭ T O I M I
T S R L A Z N L A R W M G K
O U O R M K B K A M I O N O R
R B F F L O S O K N E T R P
T M E T R O O I A Q C K P T
R A K E T O I A O T Z O H E
A R B I C I K L O H O O W R
J Ŝ P N E Ŭ O J N Q F M B O
N I R F J J I N G I S B U V
O P R A M O A T V B R E S I
K O K P Z K A R A V A N O T
```

AMBULANCO
BUSO
AVIADILO
FLOSO
BOATO
BICIKLO
KAMIONO
KARAVANO
AŬTO
RAKETO

PRIMO
HELIKOPTERO
PRAMO
METROO
MOTORO
PNEŬOJ
SUBMARŜIPO
TAKSIO
TRACTOR
TRAJNO

43 - Vacaciones #2

```
F  S  L  T  A  K  S  I  O  P  X  J  O  I
S  Y  F  R  E  M  D  A  C  K  L  W  E  S
N  F  X  A  V  I  Z  A  A  R  C  A  G  P
Y  M  O  N  T  O  J  L  H  G  P  Q  Ĝ  Z
L  A  A  S  O  J  H  B  J  P  G  V  S  O
I  R  A  P  F  J  V  O  J  A  Ĝ  O  O  T
B  O  A  O  K  S  X  T  E  N  D  O  R
E  W  Y  R  T  K  J  B  F  E  R  I  O  A
R  E  S  T  O  R  A  C  I  O  L  J  S  J
T  L  L  A  J  Z  Z  Q  N  Z  Q  O  K  N
E  X  S  D  V  Y  P  B  S  O  U  P  A  O
M  I  X  O  H  J  V  C  U  P  Y  K  G  Y
P  A  S  P  O  R  T  O  L  L  T  E  O  P
O  D  E  S  T  I  N  O  O  X  I  S  H  S
```

TENDO	PASPORTO
DESTINO	PLAĜO
FREMDA	RESTORACIO
FOTOJ	TAKSIO
HOTELO	TRANSPORTADO
INSULO	TRAJNO
MAPO	FERIO
MARO	VOJAĜO
MONTOJ	VIZA
LIBERTEMPO	

44 - Cumpleaños

```
T U V G Z F C S Y I J A R O
E F K Y Q E F N O L H K U T
M J A H U L T E P M C A Z H
P K L X A I A V S I N N I D
O O E F M Ĉ E M F T M D E A
X S N S E A G K U K O E V D
F P D O N A C O A A Z L Z T
N E A H S M Q U L R A O I J
A C R B X A A I Ĝ T C J F H
S I O G O D M E M O R O J K
K A X I N V I T O J J G U A
I L Ĝ M D T K A M U Z A L N
T A G O U G O L R N V N J T
A K F F I R J Z H A J O G O
```

ĜOJA	INVITOJ
AMIKOJ	JUNA
JARO	NASKITA
KALENDARO	KUKO
KANTO	MEMOROJ
FESTO	DONACO
AMUZA	SAĜO
TAGO	KARTOJ
SPECIALA	TEMPO
FELIĈA	KANDELOJ

45 - Baile

```
O  I  C  M  O  V  V  X  H  K  K  Z  T  T
B  K  P  R  O  V  O  P  B  U  L  E  P  R
Q  U  O  G  U  V  I  D  A  L  A  S  R  A
B  N  U  R  W  J  A  Y  Y  T  S  P  W  D
I  D  H  A  P  L  H  D  E  U  I  R  V  I
E  M  O  C  I  O  S  R  O  R  K  I  S  C
K  O  R  E  G  R  A  F  I  O  A  M  U  I
A  R  T  O  S  H  S  K  Ĝ  X  K  A  M  A
R  I  T  M  O  I  E  U  O  O  A  V  U  K
M  G  O  Z  K  E  N  P  J  P  D  N  Z  D
K  U  L  T  U  R  A  T  A  L  E  N  I  D
P  A  R  T  N  E  R  O  E  C  M  K  K  J
Q  V  O  J  U  A  I  O  Q  N  I  P  O  Z
G  R  E  J  E  S  X  R  M  T  O  K  F  L
```

AKADEMIO	ESPRIMA
ĜOJA	GRACE
ARTO	MOVADO
KLASIKA	MUZIKO
KOREGRAFIO	SINTENO
KORPO	RITMO
KULTURO	PARTNERO
KULTURA	TRADICIA
EMOCIO	VIDA
PROVO	

46 - Matemáticas

```
P A R A L E L O G R A M O E
U E A R I T M E T I K O L M
R F R A K C I O T O H H V C
E A T P R E C T A N G U L O
K K D W E P E R I M E T R O
A G S I G N E K V A C I O C
N E F P U N D E C I M A L A
G O E O O S S I M E T R I O
U M R C Z N O O K V N F Q K
L E O L S M E X C U T F V L
O T X T R I A N G U L O T Y
J R V O L U M O T M Z A P A
D I A M E T R O L O J P Z A
Q O P A R A L E L O S R S E
```

ARITMETIKO	PARALELO
ANGULOJ	PARALELOGRAMO
DECIMALA	PERIMETRO
DIAMETRO	PERPENDIKULA
EKVACIO	RADIUSO
SFERO	RECTANGULO
EKSPONENTO	SIMETRIO
FRAKCIO	TRIANGULO
GEOMETRIO	VOLUMO

47 - Restaurante #1

```
M  P  A  G  F  T  W  R  O  A  K  X  X  D
C  J  V  Q  U  D  B  U  Ŝ  T  U  K  O  E
S  P  I  C  A  P  X  U  S  J  I  B  A  S
C  A  N  H  B  Y  Y  R  B  B  R  D  C  E
I  N  G  R  E  D  I  E  N  T  E  J  K  R
K  O  K  I  D  O  W  Z  S  R  J  D  A  T
E  A  M  A  N  Ĝ  O  E  H  A  O  M  S  O
L  T  F  K  S  I  B  R  P  N  B  E  I  B
N  V  I  A  N  D  O  V  J  Ĉ  I  N  S  Q
E  S  A  Ŭ  C  O  V  A  P  I  V  U  T  A
R  D  S  K  O  K  L  D  L  L  O  O  O  B
I  T  B  U  I  A  O  O  I  O  I  X  C  E
N  O  K  N  Z  F  A  L  E  R  G  I  O  Z
O  X  G  H  P  O  U  R  F  N  P  Y  O  P
```

ALERGIO	MENUO
KAFO	PANO
KASISTO	SPICA
KELNERINO	KOKIDO
VIANDO	DESERTO
KUIREJO	REZERVADO
MANĜO	SAŬCO
TRANĈILO	BUŜTUKO
INGREDIENTEJ	BOVLO

48 - Profesiones #2

```
K I R U R G O F F Ĵ I L U Z
D U X W Y Z W O F U N I K O
H E R W J H E T I R S N J O
O X T A L Y J I L N T G F L
R L W E C R S S O A R V H O
W N D V K I C T Z L U I P G
A O L U V T S O O I I S E O
Q A V K G W I T F S S T N P
B I O L O G O V O T T O T I
D E N T I S T O O O O Z R L
N B I B L I O T E C A R I O
Ĝ A R D E N I S T O U D S T
N H E F E S P L O R I S T O
I N V E N T I N T O F A O E
```

BIBLIOTECARIO
BIOLOGO
KIRURGO
DENTISTO
DETEKTIVO
FILOZOFO
FOTISTO
INVENTINTO
ESPLORISTO

ĜARDENISTO
LINGVISTO
KURACISTO
ĴURNALISTO
PILOTO
PENTRISTO
INSTRUISTO
ZOOLOGO

49 - Senderismo

```
G  E  Q  O  R  I  E  N  T  I  Ĝ  O  O  Y
N  V  X  T  T  Q  F  W  K  U  T  X  A  M
N  V  I  Y  C  U  S  R  B  P  E  Z  A  K
B  J  Z  D  A  M  P  R  T  L  N  Y  O  J
G  L  X  I  I  L  I  Z  E  S  D  B  Q  K
A  I  C  A  G  L  Y  T  J  S  U  N  O  L
M  R  F  X  F  N  O  N  T  J  M  W  M  I
Q  A  K  V  O  B  W  J  S  L  A  C  A  F
W  B  P  R  E  P  A  R  O  L  D  F  A  O
I  O  B  O  F  G  P  A  R  K  O  J  F  N
A  T  M  O  N  T  O  U  B  E  S  T  O  J
S  O  V  A  Ĝ  A  F  B  N  A  T  U  R  O
X  J  E  P  Z  E  J  D  Ŝ  T  O  N  O  J
K  L  I  M  A  T  O  Z  W  H  O  T  J  Z
```

KLIFO
AKVO
BESTOJ
BOTOJ
TENDUMADO
LACA
KLIMATO
PUNTO
GVIDILOJ
MAPO

MONTO
NATURO
ORIENTIĜO
PARKOJ
PEZA
ŜTONOJ
PREPARO
SOVAĜA
SUNO

50 - Naturaleza

```
N S M F F O E N D G U P S C
E E R O Z I O U E D X J O T
M R R L N W X B Z I Y O V R
A E R I A T M O E N S V A O
L N I O F U O J R A Z W Ĝ P
H A V J T U J J T M J Y A I
A U E P Y G Ĝ W O I J R E K
V P R I M L W O X K T W L A
E I O H I A A N P A C A Q B
B A Q L Y C R E U M O Z Y E
L G L N K E K B E S T O J L
A Z N O H R T U A G N N K O
S C B H T O O L P R P E Z J
B E L E C O G O I Q O F R Y
```

ABELOJ	MONTOJ
BESTOJ	NEBULO
ARKTO	NUBOJ
BELECO	PACA
ARBARO	RIVERO
DEZERTO	SOVAĜA
DINAMIKA	RIFUĜO
EROZIO	SERENA
FOLIOJ	TROPIKA
GLACERO	NEMALHAVEBLA

51 - Vacaciones #1

```
E E T R A M O K L Y R V V Q
M X M N D S I X X U P M J Y
J P U T X O L L X K O A M M
W E Z I W Q G D T C T L A P
B D E T L V Y A Ŭ T O S V A
W I O I I E F D N T L T I R
S C L N U D V O D O V R A T
U I R E O M B R E L O E D O
H O K R T K P S M Z H Ĉ I V
L A G O V O S O S K J I L A
T U R I S T O S N N A Ĝ O L
P Z Z M L W V A L U T O U I
Y O J Q I G Y K O T B J J Z
F K V R E U K O Z U R J F O
```

DOGANO	DORSOSAKO
AVIADILO	VALUTO
BILETO	MUZEO
AŬTO	OMBRELO
EXPEDICIO	MALSTREĈIĜO
ITINERO	PARTO
LAGO	TRAMO
VALIZO	TURISTO

52 - Conduciendo

```
T B R E M S O J M A P O A S
P R G A Z O Y R X P J A S E
I Q A X V L E H A S T L C D
E L R F P S T C K Y R P M A
D Y A U I E Y E R M A H D K
I O Ĝ E C K A M I O N O A C
R B O L X U O T S T S P N I
A M H O B R G U T O P O Ĝ D
N A O A J E R N R R O L E E
T H Ŭ T F C Z E A C R I R N
O C H T O O E L T I T C O T
U W V J O R R O O K A O D O
R A P I D O O I Z L D E Z S
P E R M E S I L O O O O Y P Z
```

AKCIDENTO
STRATO
KAMIONO
AŬTO
FUELO
BREMSOJ
GARAĜO
GAZO
PERMESILO
MAPO

MOTORCIKLO
MOTORO
PIEDIRANTO
DANĜERO
POLICO
SEKURECO
TRANSPORTADO
TRAFIKO
TUNELO
RAPIDO

53 - Ballet

```
P  D  A  N  C  I  S  T  O  J  A  G  D  Q
K  R  S  P  P  G  V  E  Z  L  E  R  T  O
O  E  A  K  L  R  S  T  I  L  O  R  T  G
M  S  T  K  Y  A  K  Y  M  K  A  I  C  A
P  P  E  O  T  C  Ŭ  R  U  T  T  T  Z  Z
O  R  K  R  V  I  C  D  R  W  O  M  K  H
N  I  N  E  O  A  K  X  O  O  M  O  Z  V
I  M  I  G  W  V  W  O  E  J  T  E  V  L
S  A  K  R  I  N  T  E  N  S  E  C  O  N
T  D  O  A  F  P  U  A  H  G  E  S  T  O
O  C  M  F  H  R  Y  N  X  F  H  R  T  C
M  U  Z  I  K  O  R  K  E  S  T  R  O  Y
B  E  U  O  A  V  Z  M  L  X  K  T  J  V
A  M  U  S  K  O  L  O  J  Y  P  V  X  Y
```

GRACIA   GESTO
APLAŬDOJ   LERTO
ARTA   INTENSECO
DANCISTOJ   MUSKOLOJ
KOMPONISTO   MUZIKO
KOREGRAFIO   ORKESTRO
PROVO   PRAKTIKO
STILO   RITMO
ESPRIMA   TEKNIKO

54 - Aventura

```
K M E N T U Z I A S M O R Q
K U W N U V O J A Ĝ O J F X
E K Ŝ A N C O C N Z J F M X
K D E T C D N E A V R X M D
S E K U R E C O V J X B J D
K S H R A D I F I C U L T O
U T V O K A W D G P N O V A
R I L A T N U M A U O X L P
S N M S I Ĝ S F D G H P V R
O O N Z V E H C O Q T L A E
Ĝ O J O E R A M I K O J M P
F H D G C A I T I N E R O A
U L P V O N E K U T I M A R
B R A V O B E L E C O H C O
```

AKTIVECO

ĜOJO

AMIKOJ

BELECO

DESTINO

DIFICULTO

ENTUZIASMO

EKSKURSO

NEKUTIMA

ITINERO

NATURO

NAVIGADO

NOVA

ŜANCO

DANĜERA

PREPARO

SEKURECO

BRAVO

VOJAĜOJ

55 - Pájaros

```
L  S  K  Y  G  R  P  P  P  K  D  Y  K  U
F  E  T  C  L  W  A  I  E  O  Z  U  U  G
E  O  O  R  E  O  P  N  L  L  S  Z  K  F
C  R  Y  K  U  P  A  G  I  O  T  X  O  P
I  C  Q  E  Q  T  G  V  K  M  G  R  L  A
K  O  K  I  D  O  O  E  A  B  T  C  O  S
K  O  R  V  O  M  J  N  N  O  O  V  O  E
A  N  S  E  R  O  E  O  O  V  U  S  N  R
Y  G  P  R  J  A  D  V  V  N  C  T  A  O
Q  Z  L  Y  F  C  D  U  O  C  A  A  M  X
H  M  D  O  A  R  D  E  O  I  N  T  D  W
F  U  Q  F  L  A  M  I  N  G  O  B  K  Z
K  F  D  Y  K  W  B  W  A  N  A  S  O  Y
S  C  I  K  O  N  I  O  U  O  B  B  I  O
```

STRUTO	PASERO
AGLO	FALKO
CIKONIO	OVO
CIGNO	PAPAGO
KUKOLO	KOLOMBO
KORVO	ANASO
FLAMINGO	PELIKANO
ANSERO	PINGVENO
ARDEO	KOKIDO
MEVO	TOUCAN

56 - Playa

```
Y M M A U P S S E R Q M S A
L A G U N O A I T G N P Q M
Y R G U T B B B Q X K W Y A
Q O N R V E L Ŝ I P O N W G
B V U J P R O J D I V Y V O
O Z J V Y R I F O D T S J N
A O M G P X O I J T U U S G
T O G A Z B L M M F Y N F O
O C E Y R S P P B K S O E Z
V E U X K B W U Z R P U R J
S A N D A L O J T H E G I M
I N S U L O W R M U W L O M
R O B L U A C D D F K I O T
K R A B O P A K X O L O P G
```

SABLO   MARO
RIFO   OCEANO
BLUA   OMBRELO
BOATO   SANDALOJ
KRABO   SUNO
MARBORDO   TUKO
INSULO   FERIO
LAGUNO   VELŜIPO

57 - Surf

```
K P Ŝ A Ŭ M O L B M S F W I
O B L M O V W T G J D A H L
M V N A N C J P K B O K S L
E E K S T R E M A T L E T O
N T P O P U L A R A F Z O Ĉ
C E B J E Y G M N H T F M A
A R P L A Ĝ O U T O J N A M
N O M Q E I A Z R V L V K P
T R I F O P E A R A L H O I
O S T I L O H J T K P G S O
U R O F W X Q A U H M I Z N
W N N X N M A F G Y A D O
D O I D K V F O R T O B K O
O N D O X U T H I U C O K V
```

RIFO
ATLETO
ĈAMPIONO
VETERO
AMUZA
ŜAŬMO
STILO
STOMAKO
EKSTREMA

FORTO
AMASOJ
OCEANO
ONDO
PLAĜO
POPULARA
KOMENCANTO
RAPIDO

58 - Geografía

```
A B K E X L A T I T U D O B
K T L K Z K L F P Y S R N D
O O L V Q V T A T A M J B N
N K M A R O E C Z M X J U O
T C O T S J C B I O R L C R
I I N O H O O B H N G Y J D
N D T R C M E R I D I A N O
E E O O I N S U L O M V R M
N N A H A K R R N A A V I Y
T T F L M K D Q E D P N V L
O O H E M I S F E R O T E A
R E G I O N O A Y T W L R N
T E R I T O R I O S U D O D
X P F O C J H H Q J M B Z O
```

ALTECO	MERIDIANO
ATLASO	MONTO
URBO	MONDO
KONTINENTO	NORDO
EKVATORO	OKCIDENTO
HEMISFERO	LANDO
INSULO	REGIONO
LATITUDO	RIVERO
MAPO	SUDO
MARO	TERITORIO

59 - Deportes

```
H  G  J  S  N  W  K  R  H  Z  S  B  G  C
J  I  M  Y  T  Y  W  E  V  H  L  I  O  F
T  M  Y  O  P  A  S  J  Y  G  U  C  L  Ĉ
E  N  A  A  B  H  D  U  D  A  D  I  F  A
A  A  Q  G  A  J  N  I  N  T  O  K  O  M
M  S  U  I  S  U  S  C  O  L  N  L  H  P
O  T  O  M  K  U  C  O  B  E  C  O  O  I
B  I  I  N  E  L  G  J  E  T  D  F  K  O
A  K  X  A  T  W  U  G  G  O  Z  T  E  N
S  O  C  Z  B  Z  H  D  K  U  M  Z  O  A
B  W  O  I  A  M  O  V  A  D  O  Y  F  D
A  A  J  O  L  T  R  E  J  N  I  S  T  O
L  V  G  X  O  X  U  N  L  F  T  N  P  X
O  U  R  T  E  N  I  S  O  L  R  O  Q  R
```

ATLETO	GIMNASTIKO
BASKETBALO	GIMNAZIO
BASBALO	GOLFO
BICIKLO	HOKEO
ĈAMPIONADO	LUDO
TREJNISTO	LUDANTO
TEAMO	MOVADO
STADIO	TENISO
GAJNINTO	

60 - Actividades

```
A K T I V E C O T J L H B F
R L O L I B E R T E M P O B
T R F R U I N T E R E S O J
O E B X A D F W N L D O K Z
P L E Z U R O X T E G O E Z
Q C V J W B T J Ĝ D B M D F
M F L E R T O P A Ĉ D Y R G
E A E X Y M C E R A M I K O
M C G V N Y A N D S E B U B
S J A I Y N T T E A T Q D J
N N D G O Z I R N D I L R V
Y C O Z S G X O A O O U I U
F I Ŝ K A P T A D O J A H D
E N I G M O J B O N S T H L
```

AKTIVECO   ĜARDENADO
ARTO   LUDOJ
METIOJ   LEGADO
ĈASADO   MAGIO
CERAMIKO   LIBERTEMPO
KUDRI   FIŜKAPTADO
FOTO   PENTRO
LERTO   PLEZURO
INTERESOJ   ENIGMOJ

61 - Verduras

```
F  S  P  I  N  A  C  O  G  L  A  J  L  O
U  A  R  T  I  Ŝ  O  K  O  N  V  F  U  Q
N  L  P  E  T  R  O  S  E  L  O  D  V  S
G  A  C  R  D  Z  I  N  G  I  B  R  O  P
O  T  E  P  R  A  P  O  X  N  L  N  S  I
L  O  L  O  U  I  B  T  O  M  A  T  O  Z
B  K  E  M  P  P  K  R  F  V  Q  O  S  O
R  R  R  O  A  Q  U  O  O  M  H  M  M  T
R  C  I  C  N  S  K  K  U  K  U  R  B  O
L  A  O  I  E  K  U  A  X  U  O  O  U  D
N  K  F  C  H  P  M  R  Y  Q  K  L  K  Z
M  E  L  A  N  Z  O  O  L  I  V  O  O  Q
P  I  O  X  N  G  G  T  D  F  Y  Z  Y  O
J  V  H  K  M  O  R  O  J  G  B  G  X  D
```

AJLO	ZINGIBRO
ARTIŜOKO	RAPO
CELERIO	OLIVO
MELANZO	TERPOMO
BROKOLO	KUKUMO
KUKURBO	PETROSELO
CEPO	RAFANO
SALATO	FUNGO
SPINACO	TOMATO
PIZO	KAROTO

62 - Instrumentos Musicales

```
K L A R N E T O L K T I F H
T J H D F B A N J O P M C T
I R T R T L M C N R I A U D
K T U D P H B L Y G A B N S
Q A H M F L U T O J N O L B
F M A W P G R Q V H O U T P
A B R A V E O G I T A R O Q
G U M T A T T G O N G R M R
O R O Z G L G O L B K V P H
T I N E S A K S O F O N O O
O N I S V M Y G N Y U V P B
E O K R V I O L O N Ĉ E L O
X O O T R O M B O N O G J J
P O B M A N D O L I N O K O
```

HARMONIKO	HOBOJO
HARPO	TAMBURINO
BANJO	PIANO
KLARNETO	SAKSOFONO
FAGOTO	TAMBURO
FLUTO	TROMBONO
GONG	TRUMPETO
GITARO	VIOLONO
MANDOLINO	VIOLONĈELO

63 - Escalada

```
S I Q N K K G A N T O J S I
I C U M A L L A R Ĝ A X T A
X V I V S J D I I N G I A T
L U J V K A V E R N O A B M
K N S B O G L E F P H L I O
P D P K F L N T Q P D T L S
W O E R D J E U I H F E E F
F O R T O V R M T G G C C E
B O T O J Y K A O E A O O R
Y W A J Q U K P R K R N M O
I M B Z M N F O D N J E T V
Y Q V L F I Z I K A Q V N A
B T R E J N A D O Z W Y O O
Q N G V I D I L O J R S X K
```

ALTECO	FIZIKA
ATMOSFERO	TREJNADO
BOTOJ	FORTO
KASKO	GANTOJ
KAVERNO	GVIDILOJ
SCIVOLEMO	VUNDO
STABILECO	MAPO
MALLARĜA	ALTIGANTA
SPERTA	TERENO

64 - Mascotas

```
P Y M E R Y Q P K E B P O K
H M A N Ĝ O R I A K V O J O
Q U U M H X P E P P O K C L
L S N B B A K D R M A Q X U
I O X D T M A O O H V G M M
M Q S A O H T J W F I Ŝ O O
B O V I N O O A W Z H I Z E
H V O K U N I K L O A J D V
L K S U H Y D C G M M M R O
A A T E S T U D O N S L S E
A T O G Z Q Q H I F T M T E
G I W Q Z L L A C E R T O Z
N D W C G L Y H V B O F C F
H O V E T E R I N A R O L D
```

AKVO	LACERTO
KAPRO	PAPAGO
IDO	PIEDOJ
VOSTO	HUNDO
KOLUMO	FIŜO
MANĜO	MUSO
KUNIKLO	TESTUDO
KATIDO	BOVINO
KATO	VETERINARO
HAMSTRO	

65 - Formas

```
S  V  I  R  R  J  W  C  E  K  C  P  R  C
E  N  D  I  A  L  I  N  I  O  I  I  E  Q
H  I  P  E  R  B  O  L  O  N  R  R  C  E
C  O  Z  C  K  N  K  R  U  U  K  A  T  C
R  A  N  D  O  J  U  S  T  S  L  M  A  I
O  V  A  L  A  Y  R  E  F  O  O  I  N  L
A  N  G  U  L  O  B  W  L  E  U  D  G  I
I  F  D  F  O  P  O  P  Y  I  R  O  U  N
P  O  L  I  G  O  N  O  L  Z  P  O  L  D
R  K  V  A  D  R  A  T  O  E  V  S  O  R
I  U  I  I  N  E  W  D  R  E  F  J  O  O
S  B  J  I  U  K  C  T  K  F  H  C  Z  K
M  O  P  F  T  H  O  X  G  Q  P  S  M  R
O  T  R  I  A  N  G  U  L  O  E  A  T  V
```

ARKO	ANGULO
RANDOJ	HIPERBOLO
CILINDRO	FLANKO
CIRKLO	LINIO
KONUSO	OVALA
KVADRATO	PIRAMIDO
KUBO	POLIGONO
KURBO	PRISMO
ELIPSO	RECTANGULO
SFERO	TRIANGULO

66 - Flores

```
G  D  B  C  P  O  R  K  I  D  E  O  J  H
K  B  U  K  E  D  O  N  N  S  M  U  Y  A
L  I  L  I  O  M  A  G  N  O  L  I  A  H
V  P  P  I  N  S  U  N  F  L  O  R  O  I
Y  E  Y  S  I  P  L  S  X  Z  F  O  I  B
X  T  Y  A  O  A  A  A  I  A  R  Z  A  I
J  A  S  M  E  N  O  P  V  R  T  O  Q  S
T  L  E  K  A  N  T  O  A  E  I  H  U  K
K  O  K  A  B  W  G  C  Z  V  N  N  E  O
W  T  R  I  F  O  L  I  O  Q  O  D  G  D
T  U  L  I  P  O  Q  Z  I  M  Q  W  O  O
G  A  R  D  E  N  I  A  V  X  H  L  U  P
Z  K  O  X  G  D  M  Z  E  B  J  K  Y  V
Z  E  F  Z  Y  W  W  L  K  C  D  P  T  A
```

PAPAVO	LEKANTO
GARDENIA	ORKIDEO
SUNFLORO	PEONIO
HIBISKO	PETALO
JASMENO	BUKEDO
LAVENDO	ROZO
SIRINGO	TRIFOLIO
LILIO	TULIPO
MAGNOLIA	

67 - Astronomía

```
A  R  I  P  G  R  M  K  A  R  W  K  V  B
S  A  T  E  L  I  T  O  T  E  R  O  H  W
T  D  W  O  X  M  S  N  R  A  K  E  T  O
R  I  F  T  E  L  E  S  K  O  P  O  W  O
O  A  F  L  K  A  S  T  E  R  O  I  D  O
N  D  X  N  A  I  K  E  E  O  X  N  T  H
O  O  I  C  I  Y  X  L  C  O  S  M  H  E
M  O  B  S  E  R  V  A  T  O  R  I  O  K
O  K  O  S  M  O  J  C  I  U  V  O  R  L
P  C  J  M  C  I  Ĉ  I  E  L  O  M  F  I
P  L  A  N  E  D  O  O  R  U  F  Z  V  P
G  A  L  A  K  S  I  O  M  N  X  M  L  S
A  S  T  R  O  N  A  Ŭ  T  O  V  X  G  O
A  Z  S  E  K  V  I  N  O  K  S  O  I  W
```

ASTEROIDO
ASTRONAŬTO
ASTRONOMO
ĈIELO
RAKETO
KONSTELACIO
KOSMO
EKLIPSO
EKVINOKSO

GALAKSIO
LUNO
METEORO
OBSERVATORIO
PLANEDO
RADIADO
SATELITO
TELESKOPO
TERO

68 - Tiempo

```
D H P F D I J T D P M K T H
S J A R O O Q J P X T O T O
X N T U M M K T A G O K H R
B R Z E Z A S E M A J N O L
J A R C E N T O O N A H K O
T A W H J H I E R A Ŭ O A Ĝ
O E R N O K T O N M M D L O
K L N D U M U T U O O I E A
H O R A E T I A N M N A N N
P V F W O K E N R E A Ŭ D T
R J Y T M C O L U N T I A A
E S T O N T E C O T O L R Ŭ
O H D C X F Z N H O O K O K
T A G M E Z O C A G A W Q H
```

NUN
ANTAŬ
JARO
HIERAŬ
KALENDARO
JARDEKO
TAGO
ESTONTECO
HORA
HODIAŬ

MATENO
TAGMEZO
MONATO
MINUTO
MOMENTO
NOKTO
HORLOĜO
SEMAJNO
JARCENTO
FRUE

69 - Paisajes

```
O  A  Z  O  H  O  K  T  I  V  G  K  V  K
B  E  I  Q  G  Y  A  J  E  K  A  T  F  A
I  U  D  B  I  Q  E  I  N  S  U  L  O  V
A  Y  T  P  P  E  N  I  N  S  U  L  O  E
L  A  G  U  N  O  W  S  C  E  K  N  X  R
Y  K  G  E  J  S  E  R  O  Z  C  T  M  N
G  V  V  P  H  D  M  V  M  A  R  Ĉ  O  O
G  O  U  F  L  E  P  A  R  D  I  A  N  G
T  F  L  R  Q  Z  U  W  R  O  V  W  T  L
V  A  K  F  M  E  K  O  L  O  E  P  O  A
P  L  A  Ĝ  O  R  L  A  G  O  R  V  O  C
M  O  N  G  Q  T  U  N  D  R  O  E  D  E
I  N  O  O  A  O  Z  F  F  M  M  P  M  R
M  B  F  G  L  A  C  E  B  E  R  G  O  O
```

AKVOFALO	MARO
KAVERNO	MONTO
DEZERTO	OAZO
GEJSERO	MARĈO
GLACERO	PENINSULO
GOLFO	PLAĜO
GLACEBERGO	RIVERO
INSULO	TUNDRO
LAGO	VALO
LAGUNO	VULKANO

70 - Días y Meses

```
S F V F L P G W Y W K E P X
A E O E Z X U O S M A M C J
B B P X L O K O J A L A N U
A R Q T Z M E R K R E D O N
T U S B E O O I J D N S S I
O A N D I M A N Ĉ O D E G O
I R S L W V B Y A K A M Z X
Z O J U L I O R Q T R A A J
E B A Ŭ G U S T O O O J P A
G I R H F F C F O B L N R N
N O V E M B R O I R U O I U
J A R O W P Q M X O N I L A
A T C I K L P Ĵ A Ŭ D O O R
S L W V E N D R E D O M D O
```

APRILO	LUNDO
AŬGUSTO	MARDO
JARO	MONATO
KALENDARO	MERKREDO
DIMANĈO	NOVEMBRO
JANUARO	OKTOBRO
FEBRUARO	SABATO
ĴAŬDO	SEMAJNO
JULIO	SEPTEMBRO
JUNIO	VENDREDO

71 - Chocolate

```
H V O A R A K I D O J G P K
J W Y Q R E K Z O T A H U V
H K J O N O J S T M W U L A
Ŝ A T A T A M C U A M P V L
W L G M G J L O A K H K O I
J O E U E F I V M A E A R T
D R O O S J S X A K L R O O
O I N V Q T N D R A M A O V
L O S R I Q O J A O V M W Z
Ĉ J K O K O S O E C B E H A
A A O K M L P Q V I O L C Z
Y E J P S O L P T C N O N Y
D U A N T I O X I D A N T O
R E C E P T O E S D J V U K
```

AMARA
ANTIOXIDANTO
AROMO
SUKERO
ARAKIDOJ
KAKAO
KVALITO
KALORIOJ
KARAMELO

KOKOSO
BONAJ
DOLĈA
EKZOTA
ŜATATA
GUSTO
PULVORO
RECEPTO

72 - Barbacoas

```
E  G  T  K  G  F  P  T  O  M  A  T  O  J
Y  G  R  T  B  Y  I  R  H  G  R  U  U  K
Q  Q  F  Y  C  X  P  A  Q  B  P  Z  N  W
S  A  L  O  E  G  R  N  F  R  U  K  T  O
S  V  E  K  P  M  O  Ĉ  D  W  L  S  I  F
G  A  H  N  O  U  B  I  S  D  U  O  N  A
R  R  L  S  J  Z  K  L  M  X  D  M  F  M
I  M  F  A  M  I  M  O  S  S  O  E  A  I
L  A  O  C  D  K  K  J  K  A  J  R  N  L
O  J  Y  I  U  O  X  R  N  I  Ŭ  O  O  I
Z  T  O  T  Z  P  J  S  Z  X  D  C  J  O
V  E  S  P  E  R  M  A  N  Ĝ  O  O  O  G
L  E  G  O  M  O  J  M  A  L  S  A  T  O
T  A  G  M  A  N  Ĝ  O  F  X  X  V  G  S
```

TAGMANĜO	MUZIKO
VARMA	INFANOJ
CEPOJ	GRILO
VESPERMANĜO	PIPRO
TRANĈILOJ	KOKIDO
SALADOJ	SALO
FAMILIO	SAŬCO
FRUKTO	TOMATOJ
MALSATO	SOMERO
LUDOJ	LEGOMOJ

73 - Ropa

```
P  Ĉ  T  X  T  A  N  T  A  Ŭ  T  U  K  O
A  F  A  M  W  Q  S  S  Q  Q  Q  M  B  S
N  U  F  P  K  M  E  A  I  N  S  M  V  E
T  S  B  P  E  U  C  N  N  I  S  T  E  V
A  W  J  A  J  L  H  D  A  J  L  F  S  E
L  S  U  B  C  U  O  A  S  D  B  I  T  T
O  U  V  D  P  Z  P  L  H  R  V  B  O  E
N  Ĉ  E  M  I  Z  O  O  S  K  U  L  O  R
O  L  L  P  Ĵ  O  R  J  A  K  O  U  F  G
I  D  O  M  A  N  T  E  L  O  Q  Z  K  S
L  P  J  O  M  O  D  O  Y  A  U  O  Y  D
Ŝ  K  U  K  O  L  I  E  R  O  X  J  U  T
U  A  K  Q  P  B  R  A  C  E  L  E  T  O
O  E  G  A  N  T  O  J  A  M  J  L  J  M
```

MANTELO	JUVELOJ
BLUZO	MODO
SKULO	PANTALONO
ĈEMIZO	PIĴAMO
JAKO	BRACELETO
ZONO	SANDALOJ
KOLIERO	ĈAPELO
ANTAŬTUKO	SEVETER
JUPO	VESTO
GANTOJ	ŜUO

74 - Meditación

```
D S I N T E N O A S S J S P
W A K B R Z T L K V R Q P E
M V N R A P K B C F T A I N
N O K K X H O M E N S O R S
V W V Z O I M N P T E O A O
E K B A D N P B T R E B D J
K H Q U D P A C O A F S O X
Z L Q H Z O T F J N V E A M
R G A H O F O D L K G R N U
T Y Z R M E N T A V S V A Z
G Z U W E M F E L I Ĉ O T I
C H B H B C B V J L V J U K
A T E N T U O T A E K P R O
M L I H F E M O C I O J O U
```

AKCEPTO
ATENTU
TRANKVILE
KLARECO
KOMPATO
EMOCIOJ
FELIĈO
DANKON
MENTA

MENSO
MOVADO
MUZIKO
NATURO
OBSERVO
PACO
PENSOJ
SINTENO
SPIRADO

75 - Libros

```
P  L  H  U  M  U  R  A  Ŭ  T  O  R  O  E
O  I  I  P  Y  F  L  K  P  K  P  X  Q  I
E  T  S  N  K  G  H  F  Z  Z  B  N  M  Y
Z  E  T  S  V  U  X  Y  H  N  B  T  A  U
I  R  O  R  K  E  N  F  M  I  W  K  V  M
O  A  R  A  K  O  N  T  A  N  T  O  E  S
H  T  I  K  E  Z  R  T  E  L  P  L  N  K
F  U  A  O  Z  N  O  P  A  K  X  E  T  R
R  R  A  N  N  V  M  T  C  F  S  K  U  I
P  A  D  T  D  I  A  L  J  S  A  T  R  B
A  O  U  O  S  O  N  O  J  L  J  O  O  A
Ĝ  S  E  R  I  O  O  L  E  G  A  N  T  O
O  O  C  M  R  E  L  E  V  O  J  Q  S  D
S  P  O  A  O  T  R  A  G  I  K  A  T  B
```

AŬTORO
AVENTURO
KOLEKTO
KUNTEKSTO
DUECO
SKRIBA
RAKONTO
HISTORIA
HUMURA
INVENTA

LEGANTO
LITERATURA
RAKONTANTO
ROMANO
PAĜO
RELEVO
POEMO
POEZIO
SERIO
TRAGIKA

76 - Nutrición

```
K  S  E  S  Y  H  S  Z  R  S  M  F  S  R
S  A  I  K  I  Z  A  M  A  R  A  E  E  N
I  N  L  I  V  B  N  W  J  D  N  R  H  K
S  O  F  O  W  I  A  Z  J  Z  Ĝ  M  Y  U
A  S  N  H  R  K  L  E  D  G  E  E  I  T
P  E  Z  O  W  I  K  I  T  P  B  N  N  I
E  R  C  F  Q  W  O  A  B  V  L  T  S  M
T  Q  O  Q  B  Z  J  J  W  R  A  A  D  O
I  Y  Q  T  D  S  A  Ŭ  C  O  A  D  I  J
T  D  I  G  E  S  T  O  X  A  W  O  E  Y
O  K  V  A  L  I  T  O  H  G  U  S  T  O
Z  D  O  K  P  X  N  U  T  R  A  O  O  G
T  O  K  S  I  N  O  O  Q  V  G  H  Y  K
C  E  R  E  A  L  O  J  J  P  V  F  A  B
```

AMARA	FERMENTADO
APETITO	KUTIMOJ
KVALITO	PEZO
KALORIOJ	PROTEINOJ
CEREALOJ	GUSTO
MANĜEBLA	SAŬCO
DIETO	SANO
DIGESTO	SANA
EKVILIBRA	TOKSINO

77 - Edificios

```
G A S T E J O B B K Y K A Y
F R K A S T E L O N B I P X
T A E E R J U Z I N O N A H
U E R N G A R A Ĝ O B O R O
R A A M E P J W H L S Q T T
O B V T O J R L O E E R A E
A Q C X R X O N S R R N M L
Z Z B Z A O X C P N V D E O
A J A S Y B E P I E A Y N E
E V B T Q U J Y T J T M T I
A M B A S A D O A O O U O J
U S Z D H K K Q L M R Z K M
B B A I B C P W O C I E V P
L A B O R A T O R I O O X C
```

GASTEJO
APARTAMENTO
KASTELO
KINO
AMBASADO
LERNEJO
STADIO
UZINO
GARAĜO

GRENEJO
FARMO
HOSPITALO
HOTELO
LABORATORIO
MUZEO
OBSERVATORIO
TEATRO
TURO

78 - Océano

```
T E S T U D O Z A Z I P Q S
S A L I K O K O L W A O K J
K L L N S P O N G O Q L K M
S D H U N B E F O S C P W E
Ŝ I C S U O A X J T F O H D
W A M O B A E L J R E I F U
C V R R G T G F E O F U Ŝ Z
W Z I K N O W A A N G I L O
G P D R O U D S A W O X G J
K O R A L O X A Ŝ T O R M O
P H I B I T L L A L G O Z X
I M F O U Z J O Y I G L A H
A N O T T W H C H D Z I V L
D J D E L F E N O P K H M R
```

ALGOJ   DELFENO
ALGO   SPONGO
ANGILO   MEDUZOJ
RIFO   OSTRO
TINUSO   FIŜO
BALENO   POLPO
BOATO   SALO
SALIKOKO   ŜARKO
KRABO   ŜTORMO
KORALO   TESTUDO

79 - Ciudad

```
V E N D E J O Q Q Z R N B X
C R A P O T E K O O L N A O
L G L E I Q K P Q O X P K H
S I O E U F H L U M U Z E O
U G B D J M B W I K R M J Z
P P A R H V A E J N Z E O X
E Z Q L E R N E J O I R D K
R B T Z E J K K O A G K H I
B T E A T R O S C Z I A O N
A B I B L I O T E K O T T O
Z T F L U G H A V E N O E G
A Z F Y R R Y D Q V U C L E
R X L N H D M I K S A N O H
O L M A D F L O R I S T O T
```

FLUGHAVENO	HOTELO
BANKO	LIBREJO
BIBLIOTEKO	MERKATO
KINO	MUZEO
KLINIKO	BAKEJO
LERNEJO	SUPERBAZARO
STADIO	TEATRO
APOTEKO	VENDEJO
FLORISTO	ZOO
GALERO	

80 - Conservación

```
O H B Q E C P I M D Z W E A
G U A K V O K O U A A L K G
K S P B C U L D G Ŭ B I O T
P M E D I A I O L R I I S O
U O T K K T M C N I O W I C
J D L I L T A W F G T Q S I
K C Z U O O T T B E H O T Y
U N R T O J O H O B Z R E L
N A T U R A Z E S L S G M C
P E S T I C I D O A N A A C
I S D S R E D U K T I N N Z
V C O C S E A K T V P I Y O
N Q V E R D A O G C V K X A
V O L O N T U L O H H A S G
```

AKVO	NATURA
MEDIA	ORGANIKA
CIKLO	PESTICIDO
KLIMATO	REDUKTI
POLUO	SANO
EKOSISTEMA	DAŬRIGEBLA
EDUKO	VERDA
HABITATO	VOLONTULO

81 - Exploración

```
O W G R O D A N Ĝ E R A K A
T E N K L N E K O N A T A K
R P M F E I E D T Q B Q L U
E L Ĉ E R P I Ĝ O I T F D R
Q L F R B W M H F G V J B A
E S K U L T U R O J L E F Ĝ
K O K O R E E W L K M Y C O
S V Y P V R S O J I X J W O
C A K B U O B S A J N B P I
I Ĝ D E T E R M I N O G V G
T A K S S P A C O O B A V R
O R G T E R E N O V O J F O
B S A O T M T W Q A A L W W
A B R J N Y V O J A Ĝ O H K
```

AKTIVECO
ELĈERPIĜO
BESTOJ
KURAĜO
KULTUROJ
NEKONATA
ELKOVO
DETERMINO

EKSCITO
SPACO
LINGVO
NOVA
DANĜERA
SOVAĜA
TERENO
VOJAĜO

82 - Campeonato

```
V  C  T  J  S  P  O  R  T  O  J  S  B  P
O  Z  U  U  T  R  E  J  N  I  S  T  O  Y
I  W  R  Ĝ  R  O  O  I  Q  M  V  O  G  H
M  Y  N  I  A  N  Y  V  U  B  E  I  P  M
C  J  O  S  T  D  Q  E  Ĉ  A  G  A  D  O
Ĉ  F  V  T  E  F  I  N  A  L  I  S  T  O
B  A  O  O  G  O  S  K  M  E  D  A  L  O
S  G  M  X  I  M  Q  O  P  Q  U  I  I  I
C  C  B  P  O  K  N  Q  I  A  H  N  G  O
A  U  S  P  I  R  A  D  O  V  V  R  O  X
U  Y  N  F  Z  O  S  X  N  L  U  D  O  J
Q  W  I  B  A  X  N  W  A  U  D  K  A  D
I  N  S  T  I  G  O  O  D  T  E  A  M  O
V  R  R  A  A  F  N  U  O  A  O  N  F  R
```

ĈAMPIONADO	JUĜISTO
ĈAMPIONO	LIGO
SPORTOJ	MEDALO
TREJNISTO	INSTIGO
TEAMO	AGADO
STRATEGIO	TURNO
FINALISTO	SPIRADO
LUDOJ	VENKO

83 - Actividades y Ocio

```
P  E  N  T  R  O  G  C  M  J  R  V  O  G
J  L  B  S  D  W  L  O  E  M  F  O  W  F
P  O  O  H  E  N  X  E  L  E  A  L  W  G
K  Y  W  N  A  Ĝ  A  D  O  F  V  E  N  R
R  F  G  F  Ĝ  R  Z  R  M  U  O  I  M  O
T  E  N  I  S  O  E  C  T  K  S  B  C  M
J  M  W  Ŝ  D  S  R  Y  F  O  O  O  O  C
S  H  G  K  B  A  S  B  A  L  O  L  H  M
V  O  J  A  Ĝ  O  U  B  O  K  S  A  D  O
Z  O  B  P  Ĝ  A  R  D  E  N  A  D  O  W
A  O  T  T  Z  H  F  U  T  B  A  L  O  U
Z  A  G  A  L  T  I  G  A  N  T  A  W  V
N  S  E  D  T  E  N  D  U  M  A  D  O  F
M  A  Z  O  L  A  G  F  Q  D  V  F  S  F
```

ARTO	NAĜADO
BASBALO	FIŜKAPTADO
BOKSADO	PENTRO
PLONĜO	ALTIGANTA
TENDUMADO	SURFING
FUTBALO	TENISO
GOLFO	VOJAĜO
ĜARDENADO	VOLEIBOL

84 - Comida #1

```
P X S Y C C C S U P O Q A E
G T F R I P E T M G J K J F
O I K A T S P I N A C O L J
B N K P R L O M V R J S O R
S U K O O P I R O I S L C X
P S F E N N G S C H A J X K
J O W R O R S U Z I R N V N
D G B O A L A K T O N B D C
A C Y M W G L E S A L A T O
U E U F R H O R D E O Z M J
K A R O T O A O N B J I E O
E D X C A M Q Q Z P X L N Q
N E N Z W N A H N N X O T S
U N R J A M M R B G T A O Z
```

AJLO	FRAGO
BAZILO	SUKO
TINUSO	LAKTO
SUKERO	CITRONO
CINAMO	MENTO
VIANDO	RAPO
HORDEO	PIRO
CEPO	SALO
SALATO	SUPO
SPINACO	KAROTO

85 - Virtudes #1

```
P  H  E  L  P  E  M  A  H  F  B  R  A  I
I  N  O  S  A  M  U  Z  A  I  W  Z  E  P
M  B  A  U  S  N  P  K  P  D  V  F  S  F
Y  J  Y  N  I  O  C  U  S  I  S  P  E  G
T  H  X  T  A  Y  Z  R  I  N  O  P  N  L
G  F  L  B  A  V  M  I  N  D  X  A  D  M
P  L  Y  H  M  C  B  O  N  A  V  C  E  P
Ĉ  U  R  E  Z  K  A  Z  D  A  E  I  P  V
J  A  R  A  R  T  A  A  S  E  R  E  E  L
X  P  R  A  K  T  I  K  A  F  S  N  N  W
R  J  M  M  O  J  X  A  Ĝ  I  C  T  D  B
X  M  A  L  A  V  A  R  A  K  V  O  A  W
U  C  T  D  E  C  I  D  A  A  S  X  G  F
I  N  T  E  L  I  G  E  N  T  A  S  R  U
```

PASIA
ARTA
BONA
KURIOZA
DECIDA
EFIKA
ĈARMA
FIDINDA
MALAVARA

AMUZA
SENDEPENDA
INTELIGENTA
PURA
MODESTA
PACIENTO
PRAKTIKA
SAĜA
HELPEMA

86 - Literatura

```
P K S T I L O R R I T M O U
R O W A Z U J A N N E F T Q
I M E Z Z P H K X K M C R L
S P T M D M T O A O O B A X
K A Ŭ T O R O N N A F I G U
R R M R I M O T A N X O E U
I O P E E W E A L E U G D A
B R M O T T G N I K A R I N
O J W C E A X T Z D W A O A
Q G M N D Z F O O O E F O L
F I K C I O I O E T D I L O
R O M A N O B A R O P O O G
K O N K L U D O O O G V E I
A G W T P B U D I A L O G O
```

ANALOGIO
ANALIZO
ANEKDOTO
AŬTORO
BIOGRAFIO
KOMPARO
KONKLUDO
PRISKRIBO
DIALOGO
STILO

FIKCIO
METAFORO
RAKONTANTO
ROMANO
POEMO
POEZIA
RIMO
RITMO
TEMO
TRAGEDIO

87 - Clima

```
T  S  T  U  E  G  T  T  U  S  N  Q  Q  T
R  E  E  R  K  L  M  R  O  V  E  N  T  O
A  K  M  A  V  A  B  C  O  N  U  B  O  R
N  A  P  G  U  C  S  A  L  P  D  J  R  N
K  T  E  A  S  I  N  N  P  S  I  R  V  A
V  M  R  N  G  O  Ĉ  P  C  E  N  K  O  D
I  O  A  O  B  N  I  S  P  K  U  K  A  O
L  S  T  Q  E  S  E  P  O  E  N  L  C  A
E  F  U  W  J  W  L  B  L  C  D  I  F  Y
Y  E  R  R  B  S  A  Z  U  O  O  M  Ĉ  A
A  R  O  D  P  Y  R  B  S  L  Q  A  I  W
G  O  K  H  P  A  K  S  A  T  O  T  E  K
C  C  T  E  R  I  O  Q  D  Z  J  O  L  G
F  U  L  M  O  Ŝ  T  O  R  M  O  Q  O  P
```

ĈIELARKO	POLUSA
ATMOSFERO	FULMO
TRANKVILE	SEKA
ĈIELO	SEKECO
KLIMATO	TEMPERATURO
GLACIO	ŜTORMO
URAGANO	TORNADO
INUNDO	TROPIKA
NEBULO	TONDRO
NUBO	VENTO

88 - Comida #2

```
E E S U I Y K Ĉ E R I Z O P
S U N F L O R O W Q I U S F
U L A C M C B M B W B Z T A
P X R Y E U Ĉ K I V O L O U
L A T M F L K O K I D O M V
G R I O B M E T K P M D A I
J A Ŝ O L A J R M O E I T N
F R O M A Ĝ O I I M L P O B
W S K D K A G T G O A A T E
Q F O J Z R U I D V N N D R
T F E R U O R K A V Z O N O
W Q V X W V T O L D O G H U
W B L T Q O O R O Y E K F U
B A N A N O Z I N G I B R O
```

ARTIŜOKO   KIVO
MIGDALO   POMO
CELERIO   PANO
RIZO   BANANO
MELANZO   KOKIDO
ĈERIZO   FROMAĜO
ĈOKOLADO   TOMATO
SUNFLORO   TRITIKO
OVO   VINBERO
ZINGIBRO   JOGURTO

89 - Castillos

```
U  M  I  A  P  R  I  N  C  O  L  S  R  D
N  K  M  A  Ĉ  E  P  O  Ŝ  I  L  D  O  I
Z  A  P  P  I  G  R  B  F  P  I  X  E  N
M  V  E  W  R  N  I  L  F  F  E  Ŭ  D  A
F  A  R  D  K  O  N  A  Q  B  T  A  X  S
O  L  I  R  A  W  C  M  L  D  W  U  R  T
R  I  O  A  Ŭ  Z  I  U  W  C  N  P  R  I
T  R  Z  K  F  T  N  R  Ĉ  E  V  A  L  O
E  O  O  O  O  G  O  O  K  R  T  L  C  R
C  K  Z  J  S  C  L  P  K  I  R  A  S  O
O  B  I  D  A  O  Q  A  Q  R  N  C  L  P
T  I  F  J  Ĵ  D  C  Z  V  Q  O  O  F  T
F  C  Z  J  O  X  H  B  D  O  G  N  K  W
W  J  L  D  K  A  T  A  P  U  L  T  O  Y
```

KIRASO
KAVALIRO
ĈEVALO
KATAPULTO
KRONO
DINASTIO
DRAKO
ŜILDO
GLAVO
FEŬDA

FORTECO
ĈIRKAŬFOSAĴO
IMPERIO
NOBLA
PALACO
MURO
PRINCINO
PRINCO
REGNO
TURO

90 - Arte

```
Z  I  V  I  O  H  B  N  N  A  Q  V  G  V
Z  O  B  A  S  O  R  I  G  I  N  A  L  A
G  M  H  N  X  N  P  E  R  S  O  N  A  H
L  S  X  R  C  E  R  A  M  I  K  O  K  U
I  E  S  K  T  S  X  U  K  Y  L  I  A  M
P  N  P  O  R  T  R  E  T  U  N  C  T  O
O  E  S  M  X  O  S  I  M  B  O  L  O  R
E  S  H  P  S  U  B  J  E  K  T  O  U  O
Z  P  O  L  I  K  O  M  P  O  N  A  D  O
I  R  B  E  M  R  P  K  L  O  R  A  V  B
O  I  W  K  P  R  I  C  J  M  M  C  C  T
N  M  X  S  L  N  C  T  T  Y  G  P  Q  D
U  O  N  O  A  Q  J  R  A  V  I  D  A  N
W  O  S  K  U  L  P  T  A  Ĵ  O  M  M  Y
```

CERAMIKO   ORIGINALA
KOMPLEKSO   PERSONA
KOMPONADO   POEZIO
SKULPTAĴO   PORTRETU
ESPRIMO   SIMPLA
HONESTO   SIMBOLO
HUMORO   SUBJEKTO
INSPIRITA   VIDA

91 - Herboristería

```
I  R  Z  W  Y  G  T  B  J  O  N  V  J  Z
N  A  U  D  Y  G  N  A  R  O  M  A  J  H
G  G  U  S  T  O  K  Z  R  R  X  I  N  F
R  A  J  L  O  D  L  I  K  R  U  I  M  K
E  L  M  E  N  T  O  L  V  P  A  R  Q  U
D  Ĝ  A  R  D  E  N  O  A  E  M  G  L  L
I  N  G  V  O  S  T  H  L  T  A  U  O  I
E  F  U  E  E  M  S  Z  I  R  R  T  F  N
N  W  T  R  C  N  E  Z  T  O  Ĝ  W  E  A
C  A  V  D  S  K  D  R  O  S  O  F  N  R
O  P  L  A  N  T  O  O  O  E  R  L  K  A
T  I  M  I  A  N  O  I  Y  L  O  O  O  T
N  M  D  J  A  I  V  Y  G  O  M  R  L  F
I  G  S  A  F  R  A  N  O  S  O  O  O  L
```

AJLO	ĜARDENO
BAZILO	LAVENDO
AROMAJ	MARĜOROMO
SAFRANO	MENTO
KVALITO	PETROSELO
KULINARA	PLANTO
TARRAGON	ROMERO
FLORO	GUSTO
FENKOLO	TIMIANO
INGREDIENCO	VERDA

92 - Verano

```
F E R I O S W V O J A Ĝ O Ĝ
E S P S M T G E S M W T S A
H T O D E E M M L U D O J R
A A A Ĝ M L A A I Z T W U D
H E J M O O R L B I E S U E
Z C Z L R J O S E K N A E N
P L A Ĝ O Y O T R O D N K O
O E P K J S Y R T A U D Z N
L Q R L O M V E E M M A V Y
Y I X C O A I Ĉ M I A L H D
Y R B U P N L I P K D O P U
A I Q R W Ĝ Ĝ Ĝ O O O J W R
B V U S O O A O Q J Y N W D
J S X B J J J F A M I L I O J
```

ĜOJO   LIBROJ
AMIKOJ   MARO
PLONĜO   MUZIKO
TENDUMADO   LIBERTEMPO
MANĜO   PLAĜO
STELOJ   MEMOROJ
FAMILIO   MALSTREĈIĜO
HEJMO   SANDALOJ
ĜARDENO   FERIO
LUDOJ   VOJAĜO

93 - Insectos

```
M S H W V Z K M H B X P S R
A N C Q Q Y Q S E R J U A C
N F D B T B T K V W X L H U
T M P G S M H A B E L O I K
I Y S Y T O A R L H R P M V
S I K P F S X A W T U M G E
O F D H O K K B W I S S O S
L P A K R I D O H N Q X K P
A A Y L M T G N C E T A X O
D P I F I O H T V O F F B W
Y I R N K B Q T E R M I T O
B L A T O X E C I K A D O O
U I Q R K Y T L A R V O N A
G O T T E Q T T O I F W W T
```

ABELO
VESPO
AFIDO
CIKADO
BLATO
SKARABO
VERMO
FORMIKO
LARVO

LIBELO
MANTISO
PAPILIO
LADYBUG
MOSKITO
TINEO
PULO
AKRIDO
TERMITO

94 - Especias

```
D C K S A L O V F F J R H G
K O U E M V F F Q Z C K Q L
O C L R A Q U L L Z E M O I
R I A Ĉ R W G E P I P R O K
I N P U A Y E F E N K O L O
A A A Z J N Z N A G U D Y R
N M O W L K W W S I M G F I
D O Y C O L D Y O B I C I C
R C A R D A M O M R N U L O
O E C N X G U S T O O F L H
O P I C I S A F R A N O Z W
J O D Z G Z N U T M E G Q W
A V A N I L O L K T S P C R
P N U Z W W K N S J E U S V
```

ACIDA	CURRY
AJLO	DOLĈA
AMARA	FENKOLO
ANIZO	ZINGIBRO
SAFRANO	NUTMEG
CINAMO	PIPRO
CARDAMOM	GLIKORICO
CEPO	GUSTO
KORIANDRO	SALO
KUMINO	VANILO

95 - Mediciones

```
C E N T I M E T R O S G K Y
M Z S U N C O V A B A G I M
P I B N X O A A L T O W L A
G R N O Q L G V A P E Z O S
R A O U Y O R L B C R K M O
A K G F T E A I A Z W W E D
D I P T U O M T J R M J T E
O L A W E N O R T L Ĝ K R C
V O L U M O D O O O Y O O I
E G M E T R O O C N T Y X M
A R V M N O B R N G H Y W A
V A L F G Q G A Z O C M L L
F M I B W H X K Q B Y A D A
R O Y C X R V M O O J P H N
```

ALTO	LONGO
LARĜO	MASO
BAJTO	METRO
CENTIMETRO	MINUTO
DECIMALA	UNCO
GRADO	PEZO
GRAMO	PROFUNDO
KILOGRAMO	COLO
KILOMETRO	TUNO
LITRO	VOLUMO

96 - Barcos

```
M G E P U H Y S P D S S C V
C J B P W T G S K L I S X C
N G G S V N B D R I V E R O
Ŝ X G K A J A K O O P D M N
F N F D N A K K X E R O A D
O B U O K Ĉ Y A S V I C R O
C R V R R T V N M A M P I J
E D J Z O O E U A Z O J S N
A J S V J F L O S O C W T A
N L J D R Z Ŝ D T H M C O Ŭ
O U M J N G I M O T O R O T
B W A H I T P K A V J G P I
Q C R P K I O Z L R D K I K
I E O L A G O G J C E D Y A
```

ANKRO
FLOSO
BUO
KANUO
ŜNURO
PRIMO
KAJAKO
LAGO
MARO
MARISTO

MARE
MASTO
MOTORO
NAŬTIKA
OCEANO
ONDOJ
RIVERO
SKIPO
VELŜIPO
JAĈTO

97 - Antártida

```
U  X  L  M  H  Z  Y  U  R  R  I  G  M  B
P  E  N  I  N  S  U  L  O  I  N  L  I  A
F  G  U  G  E  E  Y  Y  C  Z  S  A  N  J
J  E  B  R  K  S  X  W  K  T  U  Ĉ  E  O
N  O  O  A  T  O  P  P  Y  O  L  E  R  V
K  G  J  D  P  W  N  L  E  H  O  R  A  V
S  R  K  O  V  O  O  S  D  J  O  L  W
B  A  K  V  O  D  H  C  E  R  I  J  O  M
I  F  F  O  P  W  S  I  O  R  I  C  J  V
R  I  F  H  O  P  U  E  I  I  V  S  I  L
D  O  S  U  N  Q  O  N  A  Z  N  A  T  O
O  K  H  Y  Z  L  K  C  P  M  I  O  D  O
J  T  D  L  E  G  L  A  C  I  O  F  E  O
T  E  M  P  E  R  A  T  U  R  O  Z  I  F
```

AKVO
BAJO
SCIENCA
KONSERVADO
KOVO
EXPEDICIO
GEOGRAFIO
GLAĈEROJ
GLACIO

ESPLORISTO
INSULOJ
MIGRADO
MINERALOJ
NUBOJ
BIRDOJ
PENINSULO
ROCKY
TEMPERATURO

98 - Piratas

```
K A P I T A N O Z R O A F W
M O N E R O J D Z D E N J W
K Q M N N I F C E A L K X A
O O N P M A L B O N A R H C
D V X A A I A J C Ĝ V O T Q
N M P P R S G V N E E Y C T
O F M A U Y O D P R N D I R
U R A G M M A P O O T N K E
S I O O O C Z D E U U S A Z
K A V E R N O J G V R M T O
I O P V Y I N S U L O K R R
P A G W Q Q X J P L A Ĝ O O
O K X B O P D Y S R X V N X
B Y S X Y P L E G E N D O P
```

ANKRO
AVENTURO
FLAGO
KOMPASO
KAPITANO
CIKATRO
KAVERNO
GLAVO
INSULO
LEGENDO

PAPAGO
MALBONA
MAPO
MONEROJ
ORO
DANĜERO
PLAĜO
RUMO
TREZORO
SKIPO

99 - Mamíferos

```
B H H G D H M K G H L Q A C
Ŝ A F O A B Z A O W U S K G
D E L F E N O M R J P N S M
O Ĝ W E S O Ĉ E I G O D D W
V I A Y N X E L L K A T O O
I R P J N O V O O C J A O U
R A Z E N O A S I M I O K A
B F M L H J L P C Z R E A U
O O Z E B R O E Q A M S N V
V G O F B O F I V O M H G F
O T U A S S R O U W N K U E
X K U N I K L O L W S S R W
Z R Q T S A X M P Y D L U Q
B S H O U R S O O Y V U O G
```

BALENO	KATO
AZENO	GORILO
ĈEVALO	ĜIRAFO
KAMELO	LUPO
KANGURUO	SIMIO
ZEBRO	URSO
KUNIKLO	ŜAFO
KOJOTO	HUNDO
DELFENO	VIRBOVO
ELEFANTO	VULPO

100 - Abejas

```
P  M  C  S  K  S  V  S  F  S  I  S  S  U
L  O  F  M  R  U  A  M  R  D  Q  V  H  O
A  K  L  K  E  N  K  U  U  U  C  A  Y  Q
N  L  U  L  Ĝ  O  S  N  K  U  H  R  K  U
T  Q  G  U  I  U  O  G  T  L  Ĝ  M  D  Q
O  N  I  D  N  N  T  I  O  U  A  O  X  F
J  Z  L  D  O  M  A  I  N  O  R  T  Y  L
V  R  O  P  Y  P  B  T  L  S  D  L  R  O
J  G  J  P  D  M  E  P  O  A  E  D  G  R
M  A  N  Ĝ  O  X  L  G  B  R  N  K  B  O
F  M  I  E  L  O  U  A  Z  Z  O  Q  T  J
U  F  L  O  R  O  J  P  O  L  E  N  O  O
M  Q  J  W  E  K  O  S  I  S  T  E  M  A
O  D  I  V  E  R  S  E  C  O  L  E  P  A
```

FLUGILOJ	FRUKTO
UTILA	FUMO
VAKSO	INSEKTO
ABELUJO	ĜARDENO
MANĜO	MIELO
DIVERSECO	PLANTOJ
EKOSISTEMA	POLENO
SVARMO	POLLINATOR
FLORO	REĜINO
FLOROJ	SUNO

1 - Ajedrez

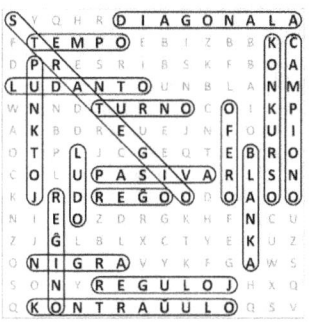

2 - Agua

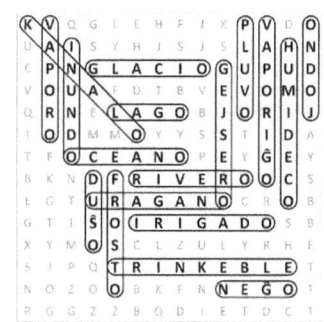

3 - Granja #2

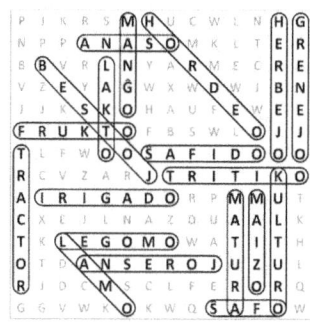

4 - Mueble

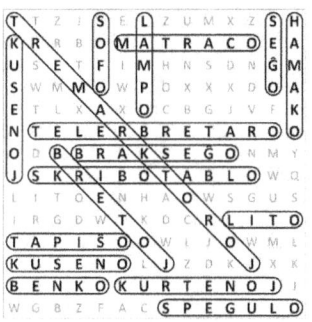

5 - Pesca

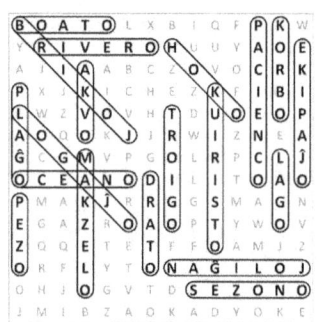

6 - Aviones

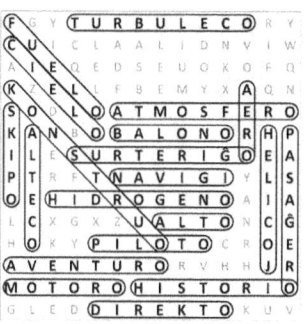

7 - Tipos de Cabello

8 - Ciencia Ficción

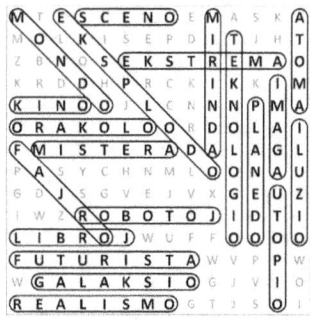

9 - Juguetes

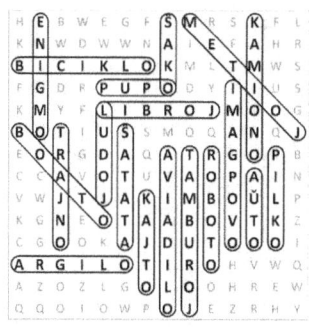

10 - Circo

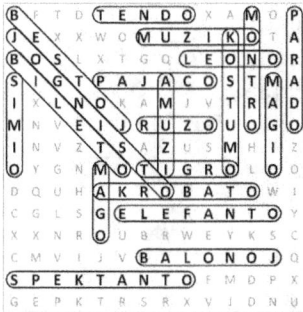

11 - Rellenar

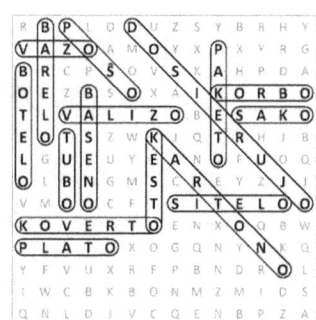

12 - Granja #1

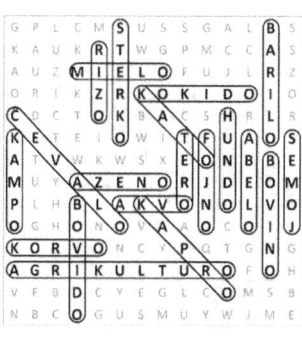

13 - Camping

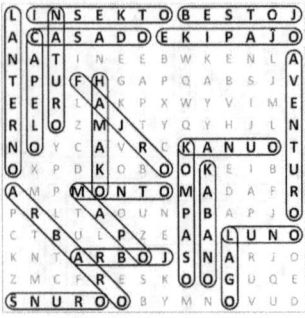

14 - Fruta

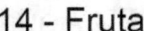

15 - Geología

16 - Plantas

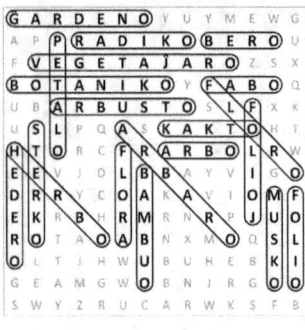

17 - Suministros de Arte

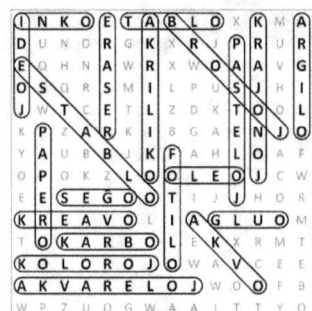

18 - Jardín

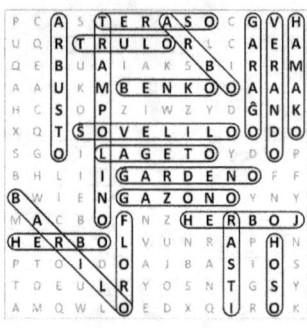

19 - Países #2

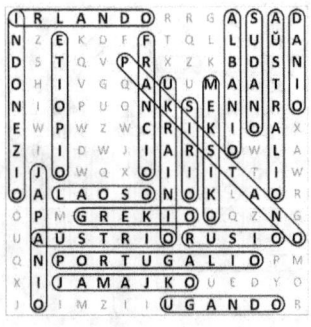

20 - Tecnología

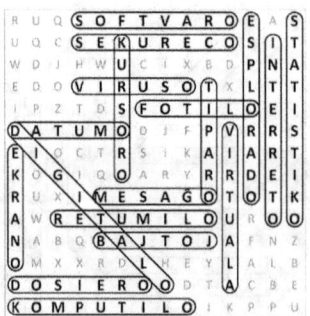

21 - Números

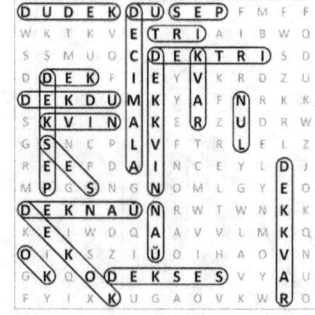

22 - Mitología

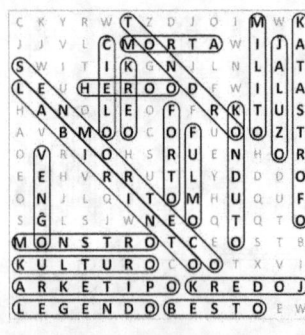

23 - Ecología

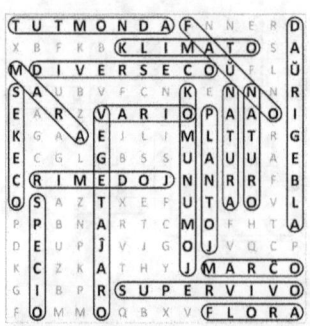

24 - Herramientas

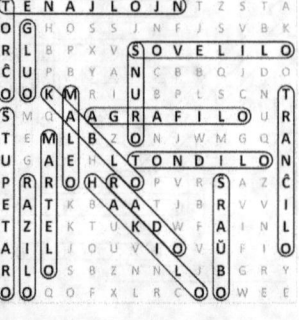

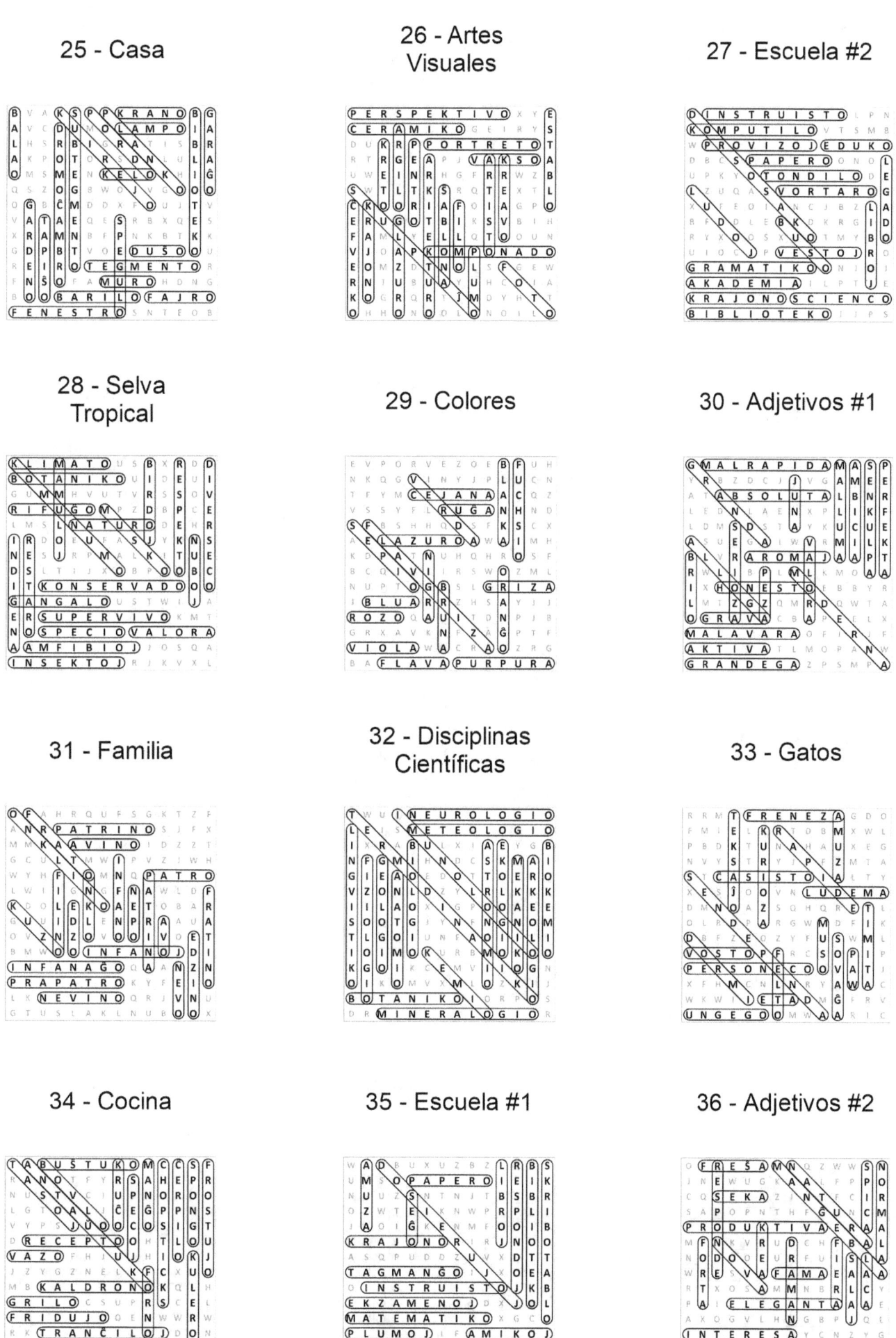

25 - Casa

26 - Artes Visuales

27 - Escuela #2

28 - Selva Tropical

29 - Colores

30 - Adjetivos #1

31 - Familia

32 - Disciplinas Científicas

33 - Gatos

34 - Cocina

35 - Escuela #1

36 - Adjetivos #2

37 - Cuerpo Humano

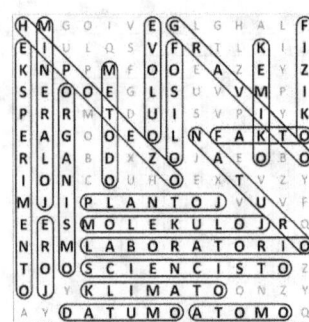

38 - Ciencia

39 - Dinosaurios

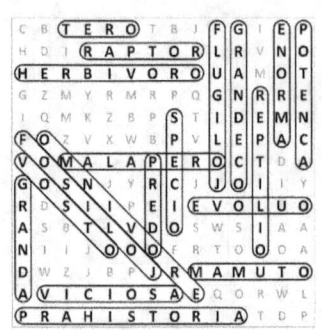

40 - Restaurante #2

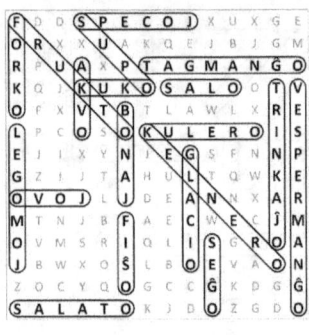

41 - Profesiones #1

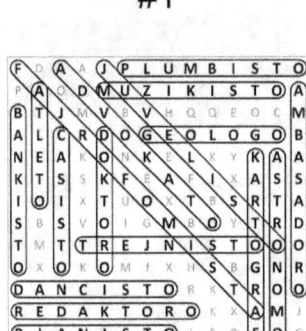

42 - Vehículos

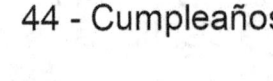

43 - Vacaciones #2

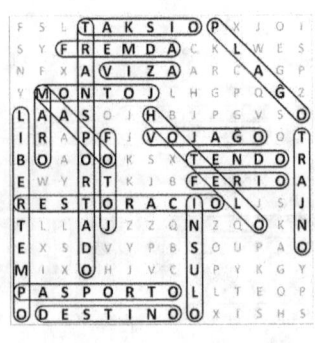

44 - Cumpleaños

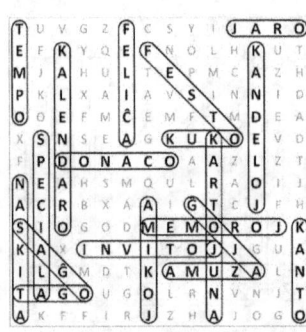

45 - Baile

46 - Matemáticas

47 - Restaurante #1

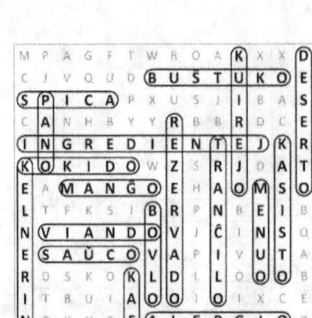
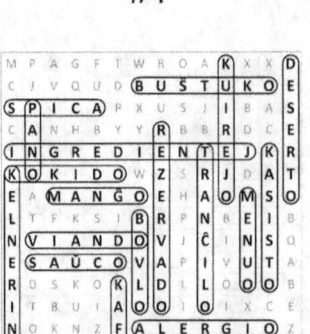

48 - Profesiones #2

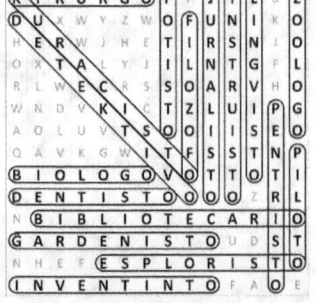

49 - Senderismo

50 - Naturaleza

51 - Vacaciones #1

52 - Conduciendo

53 - Ballet

54 - Aventura

55 - Pájaros

56 - Playa

57 - Surf

58 - Geografía

59 - Deportes

60 - Actividades

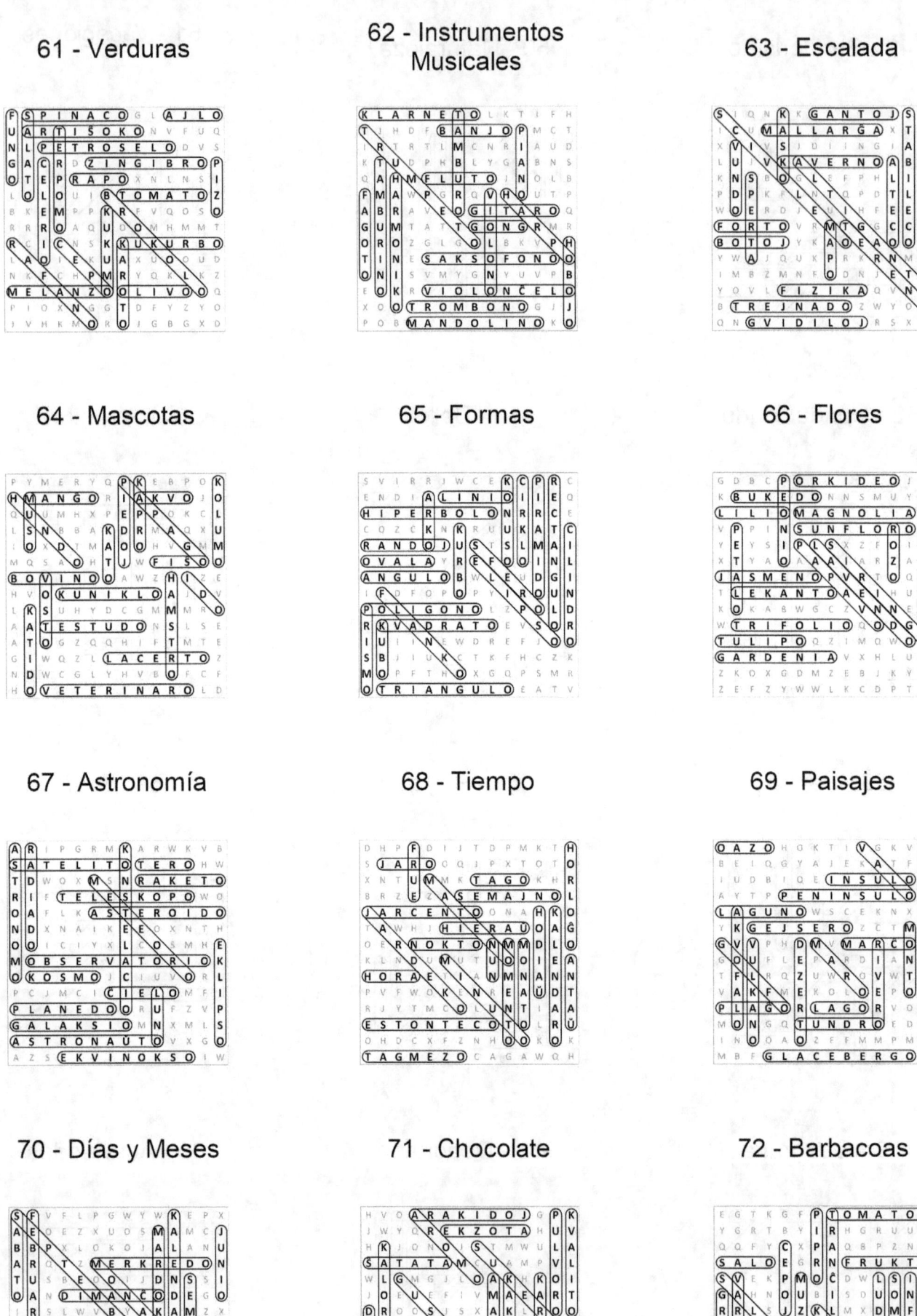

61 - Verduras

62 - Instrumentos Musicales

63 - Escalada

64 - Mascotas

65 - Formas

66 - Flores

67 - Astronomía

68 - Tiempo

69 - Paisajes

70 - Días y Meses

71 - Chocolate

72 - Barbacoas

73 - Ropa

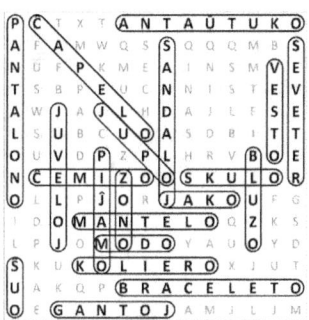

74 - Meditación

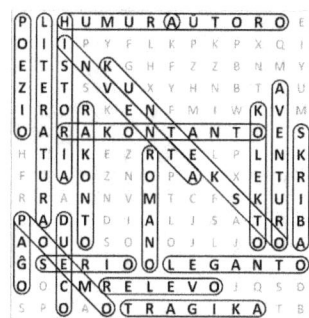

75 - Libros

76 - Nutrición

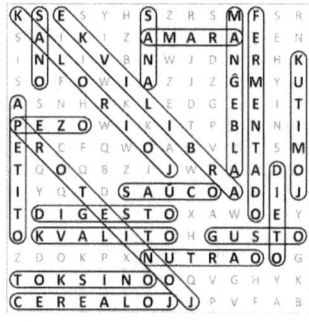

77 - Edificios

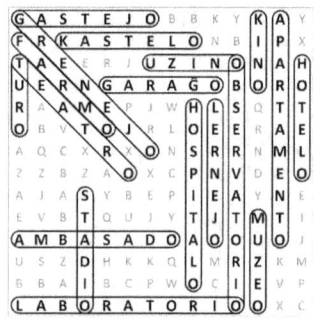

78 - Océano

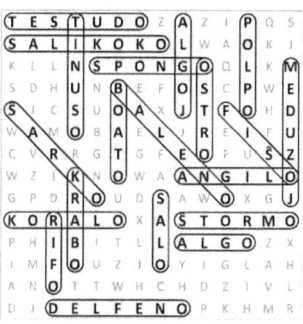

79 - Ciudad

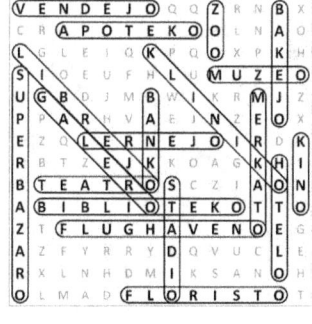

80 - Conservación

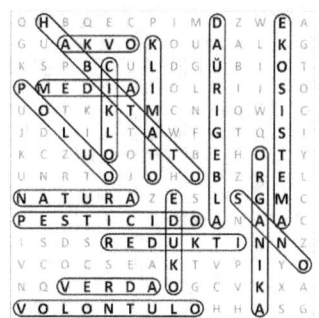

81 - Exploración

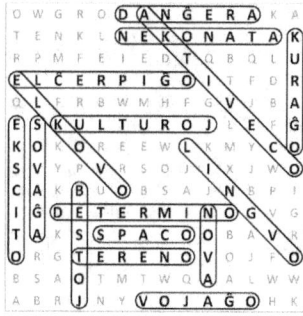

82 - Campeonato

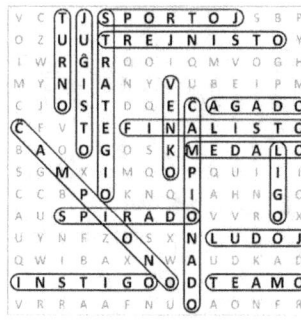

83 - Actividades y Ocio

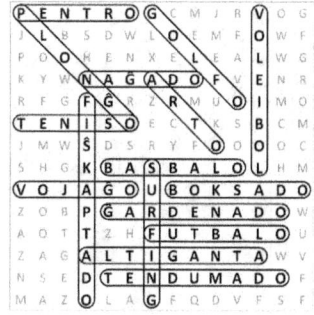

84 - Comida #1

85 - Virtudes #1

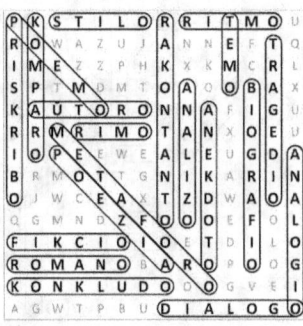

86 - Literatura

87 - Clima

88 - Comida #2

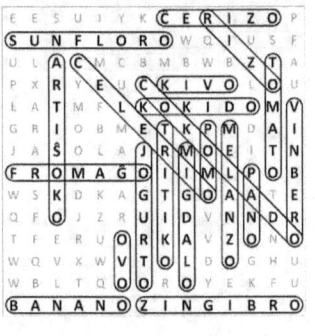

89 - Castillos

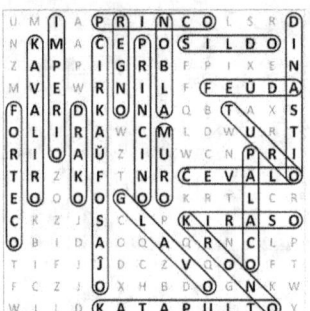

90 - Arte

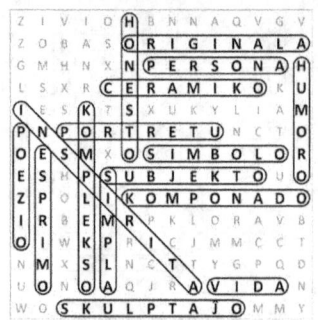

91 - Herboristería

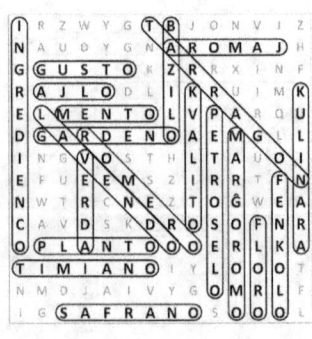

92 - Verano

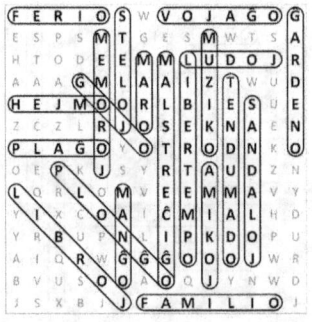

93 - Insectos

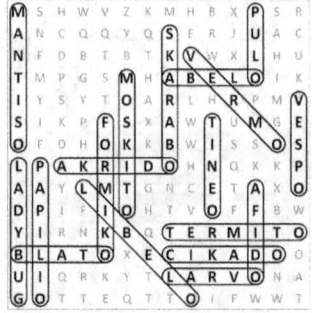

94 - Especias

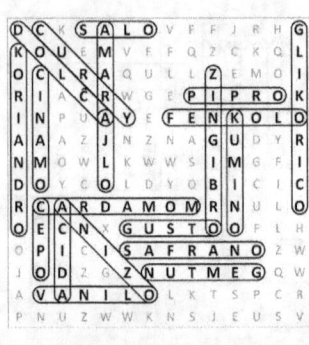

95 - Mediciones

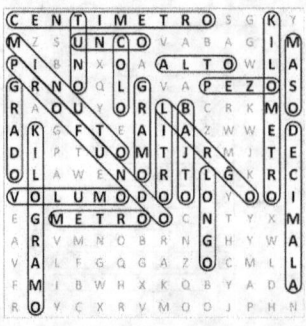

96 - Barcos

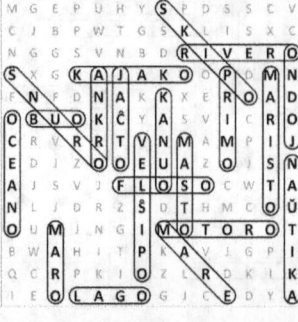

97 - Antártida

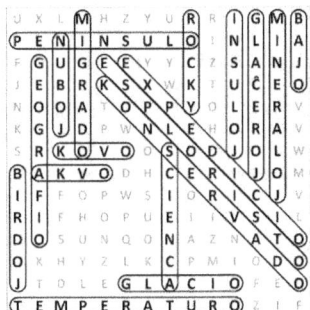

98 - Piratas

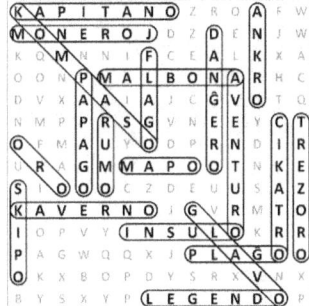

99 - Mamíferos

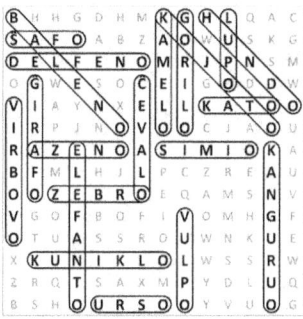

100 - Abejas

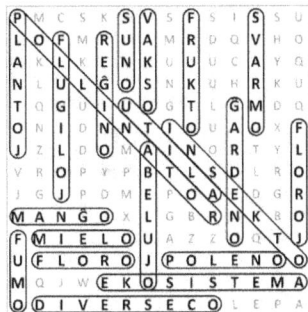

Diccionario

Abejas
Abeloj

Alas	Flugiloj
Beneficioso	Utila
Cera	Vakso
Colmena	Abelujo
Comida	Manĝo
Diversidad	Diverseco
Ecosistema	Ekosistema
Enjambre	Svarmo
Flor	Floro
Flores	Floroj
Fruta	Frukto
Humo	Fumo
Insecto	Insekto
Jardín	Ĝardeno
Miel	Mielo
Plantas	Plantoj
Polen	Poleno
Polinizador	Pollinator
Reina	Reĝino
Sol	Suno

Actividades
Agadoj

Actividad	Aktiveco
Arte	Arto
Artesanía	Metioj
Caza	Ĉasado
Cerámica	Ceramiko
Costura	Kudri
Fotografía	Foto
Habilidad	Lerto
Intereses	Interesoj
Jardinería	Ĝardenado
Juegos	Ludoj
Lectura	Legado
Magia	Magio
Ocio	Libertempo
Pesca	Fiŝkaptado
Pintura	Pentro
Placer	Plezuro
Relajación	Malstreĉiĝo
Rompecabezas	Enigmoj
Senderismo	Altiganta

Actividades y Ocio
Agadoj kaj Libertempo

Arte	Arto
Baloncesto	Basketbalo
Béisbol	Basbalo
Boxeo	Boksado
Buceo	Plonĝo
Camping	Tendumado
Fútbol	Futbalo
Golf	Golfo
Jardinería	Ĝardenado
Natación	Naĝado
Pesca	Fiŝkaptado
Pintura	Pentro
Senderismo	Altiganta
Surf	Surfing
Tenis	Teniso
Viaje	Vojaĝo
Voleibol	Voleibol

Adjetivos #1
Adjektivoj #1

Absoluto	Absoluta
Activo	Aktiva
Ambicioso	Ambicia
Aromático	Aromaj
Atractivo	Alloga
Brillante	Brilo
Enorme	Grandega
Generoso	Malavara
Grande	Granda
Honesto	Honesto
Importante	Grava
Inocente	Senkulpa
Joven	Juna
Lento	Malrapida
Moderno	Moderna
Oscuro	Malluma
Perfecto	Perfekta
Pesado	Peza
Serio	Serioza
Valioso	Valora

Adjetivos #2
Adjektivoj #2

Cansado	Laca
Comestible	Manĝebla
Creativo	Krea
Descriptivo	Priskriba
Dramático	Draman
Elegante	Eleganta
Famoso	Fama
Fresco	Freŝa
Fuerte	Forta
Interesante	Interesa
Natural	Natura
Normal	Normala
Nuevo	Nova
Orgulloso	Fiera
Picante	Spica
Productivo	Produktiva
Responsable	Responde
Salado	Salaj
Saludable	Sana
Seco	Seka

Agua
Akvo

Canal	Kanalo
Ducha	Duŝo
Evaporación	Vaporiĝo
Géiser	Gejsero
Helada	Frosto
Hielo	Glacio
Humedad	Humideco
Huracán	Uragano
Inundación	Inundo
Lago	Lago
Lluvia	Pluvo
Nieve	Neĝo
Océano	Oceano
Olas	Ondoj
Potable	Trinkeble
Riego	Irigado
Río	Rivero
Vapor	Vaporo

Ajedrez
Ŝako

Blanco	Blanka
Campeón	Ĉampiono
Concurso	Konkurso
Diagonal	Diagonala
Estrategia	Strategio
Juego	Ludo
Jugador	Ludanto
Negro	Nigra
Oponente	Kontraŭulo
Pasivo	Pasiva
Puntos	Punktoj
Reglas	Reguloj
Reina	Reĝino
Rey	Reĝo
Sacrificio	Ofero
Tiempo	Tempo
Torneo	Turno

Antártida
Antarkto

Agua	Akvo
Bahía	Bajo
Científico	Scienca
Conservación	Konservado
Continente	Kontinento
Ensenada	Kovo
Expedición	Expedicio
Geografía	Geografio
Glaciares	Glaĉeroj
Hielo	Glacio
Investigador	Esploristo
Islas	Insuloj
Migración	Migrado
Minerales	Mineraloj
Nubes	Nuboj
Pájaros	Birdoj
Península	Peninsulo
Rocoso	Rocky
Temperatura	Temperaturo
Topografía	Topografio

Arte
Arto

Cerámica	Ceramiko
Complejo	Komplekso
Composición	Komponado
Escultura	Skulptaĵo
Expresión	Esprimo
Honesto	Honesto
Humor	Humoro
Inspirado	Inspirita
Original	Originala
Personal	Persona
Pinturas	Pentraĵoj
Poesía	Poezio
Retratar	Portretu
Sencillo	Simpla
Símbolo	Simbolo
Surrealismo	Superrealismo
Tema	Subjekto
Visual	Vida

Artes Visuales
Vidaj Artoj

Arcilla	Argilo
Arquitectura	Arkitekturo
Artista	Artisto
Barniz	Glazuro
Caballete	Establo
Cera	Vakso
Cerámica	Ceramiko
Composición	Komponado
Creatividad	Kreavo
Escultura	Skulptaĵo
Fotografía	Foto
Lápiz	Krajono
Obra Maestra	Ĉefverko
Película	Filmo
Perspectiva	Perspektivo
Pintura	Pentro
Plantilla	Ŝablona
Pluma	Plumo
Retrato	Portreto
Tiza	Kreto

Astronomía
Astronomio

Asteroide	Asteroido
Astronauta	Astronaŭto
Astrónomo	Astronomo
Cielo	Ĉielo
Cohete	Raketo
Constelación	Konstelacio
Cosmos	Kosmo
Eclipse	Eklipso
Equinoccio	Ekvinokso
Galaxia	Galaksio
Luna	Luno
Meteoro	Meteoro
Observatorio	Observatorio
Planeta	Planedo
Radiación	Radiado
Satélite	Satelito
Supernova	Supernovao
Telescopio	Teleskopo
Tierra	Tero
Universo	Universo

Aventura
Aventuro

Actividad	Aktiveco
Alegría	Ĝojo
Amigos	Amikoj
Belleza	Beleco
Destino	Destino
Dificultad	Dificulto
Entusiasmo	Entuziasmo
Excursión	Ekskurso
Inusual	Nekutima
Itinerario	Itinero
Naturaleza	Naturo
Navegación	Navigado
Nuevo	Nova
Oportunidad	Ŝanco
Peligroso	Danĝera
Preparación	Preparo
Seguridad	Sekureco
Valentía	Bravo
Viajes	Vojaĝoj

Aviones
Aviadiloj

Aire	Aero
Altitud	Alteco
Altura	Alto
Aterrizaje	Surteriĝo
Atmósfera	Atmosfero
Aventura	Aventuro
Cielo	Ĉielo
Combustible	Fuelo
Construcción	Konstruo
Dirección	Direkto
Globo	Balono
Hélices	Helicoj
Hidrógeno	Hidrogeno
Historia	Historio
Motor	Motoro
Navegar	Navigi
Pasajero	Pasaĝero
Piloto	Piloto
Tripulación	Skipo
Turbulencia	Turbuleco

Baile
Danco

Academia	Akademio
Alegre	Ĝoja
Arte	Arto
Clásico	Klasika
Coreografía	Koregrafio
Cuerpo	Korpo
Cultura	Kulturo
Cultural	Kultura
Emoción	Emocio
Ensayo	Provo
Expresivo	Esprima
Gracia	Grace
Movimiento	Movado
Música	Muziko
Postura	Sinteno
Ritmo	Ritmo
Socio	Partnero
Tradicional	Tradicia
Visual	Vida

Ballet
Baleto

Agraciado	Gracia
Aplauso	Aplaŭdoj
Artístico	Arta
Audiencia	Spektantaro
Bailarines	Dancistoj
Compositor	Komponisto
Coreografía	Koregrafio
Ensayo	Provo
Estilo	Stilo
Expresivo	Esprima
Gesto	Gesto
Habilidad	Lerto
Intensidad	Intenseco
Músculos	Muskoloj
Música	Muziko
Orquesta	Orkestro
Práctica	Praktiko
Ritmo	Ritmo
Técnica	Tekniko

Barbacoas
Rostokradoj

Almuerzo	Tagmanĝo
Caliente	Varma
Cebollas	Cepoj
Cena	Vespermanĝo
Cuchillos	Tranĉiloj
Ensaladas	Saladoj
Familia	Familio
Fruta	Frukto
Hambre	Malsato
Juegos	Ludoj
Música	Muziko
Niños	Infanoj
Parrilla	Grilo
Pimienta	Pipro
Pollo	Kokido
Sal	Salo
Salsa	Saŭco
Tomates	Tomatoj
Verano	Somero
Verduras	Legomoj

Barcos
Boatoj

Ancla	Ankro
Balsa	Floso
Boya	Buo
Canoa	Kanuo
Cuerda	Ŝnuro
Ferry	Primo
Kayak	Kajako
Lago	Lago
Mar	Maro
Marinero	Maristo
Marítimo	Mare
Mástil	Masto
Motor	Motoro
Náutico	Naŭtika
Océano	Oceano
Olas	Ondoj
Río	Rivero
Tripulación	Skipo
Velero	Velŝipo
Yate	Jaĉto

Campeonato
Ĉampioneco

Campeonato	Ĉampionado
Campeón	Ĉampiono
Deportes	Sportoj
Entrenador	Trejnisto
Equipo	Teamo
Estrategia	Strategio
Finalista	Finalisto
Juegos	Ludoj
Juez	Juĝisto
Liga	Ligo
Medalla	Medalo
Motivación	Instigo
Rendimiento	Agado
Torneo	Turno
Transpiración	Spirado
Victoria	Venko

Camping
Tendumado

Animales	Bestoj
Aventura	Aventuro
Árboles	Arboj
Bosque	Arbaro
Brújula	Kompaso
Cabina	Kabano
Canoa	Kanuo
Caza	Ĉasado
Cuerda	Ŝnuro
Equipo	Ekipaĵo
Fuego	Fajro
Hamaca	Hamako
Insecto	Insekto
Lago	Lago
Linterna	Lanterno
Luna	Luno
Mapa	Mapo
Montaña	Monto
Naturaleza	Naturo
Sombrero	Ĉapelo

Casa
Domo

Alfombra	Tapiŝo
Ático	Subtegmento
Biblioteca	Biblioteko
Chimenea	Fajro
Cocina	Kuirejo
Dormitorio	Dromoĉambro
Ducha	Duŝo
Escoba	Balao
Espejo	Spegulo
Garaje	Garaĝo
Grifo	Krano
Jardín	Ĝardeno
Lámpara	Lampo
Pared	Muro
Piso	Planko
Puerta	Pordo
Sótano	Kelo
Techo	Tegmento
Valla	Barilo
Ventana	Fenestro

Castillos
Kasteloj

Armadura	Kiraso
Caballero	Kavaliro
Caballo	Ĉevalo
Catapulta	Katapulto
Corona	Krono
Dinastía	Dinastio
Dragón	Drako
Escudo	Ŝildo
Espada	Glavo
Feudal	Feŭda
Fortaleza	Forteco
Foso	Ĉirkaŭfosaĵo
Imperio	Imperio
Noble	Nobla
Palacio	Palaco
Pared	Muro
Princesa	Princino
Príncipe	Princo
Reino	Regno
Torre	Turo

Chocolate
Ĉokolado

Amargo	Amara
Antioxidante	Antioxidanto
Aroma	Aromo
Azúcar	Sukero
Cacahuetes	Arakidoj
Cacao	Kakao
Calidad	Kvalito
Calorías	Kalorioj
Caramelo	Karamelo
Coco	Kokoso
Delicioso	Bonaj
Dulce	Dolĉa
Exótico	Ekzota
Favorito	Ŝatata
Gusto	Gusto
Ingrediente	Ingredienco
Polvo	Pulvoro
Receta	Recepto

Ciencia
Scienco

Átomo	Atomo
Científico	Sciencisto
Clima	Klimato
Datos	Datumo
Evolución	Evoluo
Experimento	Eksperimento
Física	Fiziko
Fósil	Fosilo
Gravedad	Gravito
Hecho	Fakto
Hipótesis	Hipotezo
Laboratorio	Laboratorio
Método	Metodo
Minerales	Mineraloj
Moléculas	Molekuloj
Naturaleza	Naturo
Organismo	Organismo
Partículas	Eroj
Plantas	Plantoj
Químico	Kemiko

Ciencia Ficción
Sciencfikcio

Atómico	Atoma
Cine	Kino
Escenario	Sceno
Explosión	Eksplodo
Extremo	Ekstrema
Fantástico	Mirinda
Fuego	Fajro
Futurista	Futurista
Galaxia	Galaksio
Ilusión	Iluzio
Imaginario	Imaga
Libros	Libroj
Misterioso	Mistera
Mundo	Mondo
Oráculo	Orakolo
Planeta	Planedo
Realista	Realismo
Robots	Robotoj
Tecnología	Teknologio
Utopía	Utopio

Circo
Cirko

Acróbata	Akrobato
Animales	Bestoj
Billete	Bileto
Carpa	Tendo
Desfile	Parado
Elefante	Elefanto
Entretener	Amuzi
Espectador	Spektanto
Globos	Balonoj
León	Leono
Magia	Magio
Mago	Mago
Malabarista	Jognisto
Mono	Simio
Mostrar	Montro
Música	Muziko
Payaso	Pajaco
Tigre	Tigro
Traje	Kostumo
Truco	Ruzo

Ciudad
Urbo

Aeropuerto	Flughaveno
Banco	Banko
Biblioteca	Biblioteko
Cine	Kino
Clínica	Kliniko
Escuela	Lernejo
Estadio	Stadio
Farmacia	Apoteko
Florista	Floristo
Galería	Galero
Hotel	Hotelo
Librería	Librejo
Mercado	Merkato
Museo	Muzeo
Panadería	Bakejo
Supermercado	Superbazaro
Teatro	Teatro
Tienda	Vendejo
Universidad	Universitato
Zoo	Zoo

Clima
Vetero

Arco Iris	Ĉielarko
Atmósfera	Atmosfero
Calma	Trankvile
Cielo	Ĉielo
Clima	Klimato
Hielo	Glacio
Huracán	Uragano
Inundación	Inundo
Niebla	Nebulo
Nube	Nubo
Polar	Polusa
Rayo	Fulmo
Seco	Seka
Sequía	Sekeco
Temperatura	Temperaturo
Tormenta	Ŝtormo
Tornado	Tornado
Tropical	Tropika
Trueno	Tondro
Viento	Vento

Cocina
Kuirejo

Caldera	Kaldrono
Comida	Manĝo
Congelador	Frostujo
Cucharas	Kuleroj
Cucharón	Ĉerpilo
Cuchillos	Tranĉiloj
Delantal	Antaŭtuko
Especias	Specoj
Esponja	Spongo
Horno	Forno
Jarra	Kruĉo
Palillos	Chopsticks
Parrilla	Grilo
Receta	Recepto
Refrigerador	Fridujo
Servilleta	Buŝtuko
Tarro	Vazo
Tazas	Tasoj
Tazón	Bovlo
Tenedores	Forkoj

Colores
Koloroj

Amarillo	Flava
Azul	Blua
Azur	Lazuro
Beige	Flavgriza
Blanco	Blanka
Cian	Cejana
Fucsia	Fuchsio
Gris	Griza
Marrón	Bruna
Naranja	Oranĝo
Negro	Nigra
Púrpura	Purpura
Rojo	Ruĝa
Rosa	Rozo
Sepia	Sepio
Verde	Verda
Violeta	Viola

Comida #1
Manĝaĵo Numero 1

Ajo	Ajlo
Albahaca	Bazilo
Atún	Tinuso
Azúcar	Sukero
Canela	Cinamo
Carne	Viando
Cebada	Hordeo
Cebolla	Cepo
Ensalada	Salato
Espinacas	Spinaco
Fresa	Frago
Jugo	Suko
Leche	Lakto
Limón	Citrono
Menta	Mento
Nabo	Rapo
Pera	Piro
Sal	Salo
Sopa	Supo
Zanahoria	Karoto

Comida #2
Manĝaĵo #2

Alcachofa	Artiŝoko
Almendra	Migdalo
Apio	Celerio
Arroz	Rizo
Berenjena	Melanzo
Cereza	Ĉerizo
Chocolate	Ĉokolado
Girasol	Sunfloro
Huevo	Ovo
Jengibre	Zingibro
Kiwi	Kivo
Manzana	Pomo
Pan	Pano
Plátano	Banano
Pollo	Kokido
Queso	Fromaĝo
Tomate	Tomato
Trigo	Tritiko
Uva	Vinbero
Yogur	Jogurto

Conduciendo
Veturado

Accidente	Akcidento
Calle	Strato
Camión	Kamiono
Coche	Aŭto
Combustible	Fuelo
Frenos	Bremsoj
Garaje	Garaĝo
Gas	Gazo
Licencia	Permesilo
Mapa	Mapo
Motocicleta	Motorciklo
Motor	Motoro
Peatonal	Piediranto
Peligro	Danĝero
Policía	Polico
Seguridad	Sekureco
Transporte	Transportado
Tráfico	Trafiko
Túnel	Tunelo
Velocidad	Rapido

Conservación
Konservado

Agua	Akvo
Ambiental	Media
Ciclo	Ciklo
Clima	Klimato
Contaminación	Poluo
Ecosistema	Ekosistema
Educación	Eduko
Hábitat	Habitato
Natural	Natura
Orgánico	Organika
Pesticida	Pesticido
Reducir	Redukti
Salud	Sano
Sostenible	Daŭrigebla
Verde	Verda
Voluntario	Volontulo

Cuerpo Humano
Homa Korpo

Barbilla	Mentono
Boca	Buŝo
Cabeza	Kapo
Cara	Vizaĝo
Cerebro	Cerbo
Codo	Kubuto
Corazón	Koro
Cuello	Kolo
Dedo	Fingro
Hombro	Ŝultro
Lengua	Lango
Mano	Mano
Nariz	Nazo
Ojo	Okulo
Oreja	Orelo
Piel	# ha? To
Pierna	Kruro
Rodilla	Genuo
Sangre	Sango
Tobillo	Maleolo

Cumpleaños
Naskiĝtago

Alegre	Ĝoja
Amigos	Amikoj
Año	Jaro
Calendario	Kalendaro
Canción	Kanto
Celebración	Festo
Diversión	Amuza
Día	Tago
Especial	Speciala
Feliz	Feliĉa
Invitaciones	Invitoj
Joven	Juna
Nacer	Naskita
Pastel	Kuko
Recuerdos	Memoroj
Regalo	Donaco
Sabiduría	Saĝo
Tarjetas	Kartoj
Tiempo	Tempo
Velas	Kandeloj

Deportes
Sportoj

Atleta	Atleto
Baloncesto	Basketbalo
Béisbol	Basbalo
Bicicleta	Biciklo
Campeonato	Ĉampionado
Entrenador	Trejnisto
Equipo	Teamo
Estadio	Stadio
Ganador	Gajninto
Gimnasia	Gimnastiko
Gimnasio	Gimnazio
Golf	Golfo
Hockey	Hokeo
Juego	Ludo
Jugador	Ludanto
Movimiento	Movado
Tenis	Teniso

Dinosaurios
Dinosaŭroj

Alas	Flugiloj
Cola	Vosto
Desaparición	Malapero
Enorme	Enorma
Especie	Specio
Evolución	Evoluo
Fósiles	Fosiloj
Grande	Granda
Herbívoro	Herbivoro
Mamut	Mamuto
Omnívoro	Omnivore
Poderoso	Potenca
Prehistórico	Prahistoria
Presa	Predo
Raptor	Raptor
Reptil	Reptilio
Tamaño	Grandeco
Tierra	Tero
Vicioso	Viciosa

Disciplinas Científicas
Sciencaj Disciplinoj

Anatomía	Anatomio
Arqueología	Arkeologio
Astronomía	Astronomio
Biología	Biologio
Bioquímica	Biokemio
Botánica	Botaniko
Ecología	Ekologio
Fisiología	Fiziologio
Geología	Geologio
Inmunología	Imunologio
Lingüística	Lingvistiko
Mecánica	Mekaniko
Meteorología	Meteologio
Mineralogía	Mineralogio
Neurología	Neurologio
Psicología	Psikologio
Química	Kemio
Sociología	Sociologio
Termodinámica	Termodinamiko
Zoología	Zoologio

Días y Meses
Tagoj kaj Monatoj

Abril	Aprilo
Agosto	Aŭgusto
Año	Jaro
Calendario	Kalendaro
Domingo	Dimanĉo
Enero	Januaro
Febrero	Februaro
Jueves	Ĵaŭdo
Julio	Julio
Junio	Junio
Lunes	Lundo
Martes	Mardo
Mes	Monato
Miércoles	Merkredo
Noviembre	Novembro
Octubre	Oktobro
Sábado	Sabato
Semana	Semajno
Septiembre	Septembro
Viernes	Vendredo

Ecología
Ekologio

Clima	Klimato
Comunidades	Komunumoj
Diversidad	Diverseco
Especie	Specio
Fauna	Faŭno
Flora	Flora
Global	Tutmonda
Hábitat	Habitato
Marino	Mara
Natural	Natura
Naturaleza	Naturo
Pantano	Marĉo
Plantas	Plantoj
Recursos	Rimedoj
Sequía	Sekeco
Sostenible	Daŭrigebla
Supervivencia	Supervivo
Variedad	Vario
Vegetación	Vegetaĵaro
Voluntarios	Volontuloj

Edificios
Konstruaĵoj

Albergue	Gastejo
Apartamento	Apartamento
Castillo	Kastelo
Cine	Kino
Embajada	Ambasado
Escuela	Lernejo
Estadio	Stadio
Fábrica	Uzino
Garaje	Garaĝo
Granero	Grenejo
Granja	Farmo
Hospital	Hospitalo
Hotel	Hotelo
Laboratorio	Laboratorio
Museo	Muzeo
Observatorio	Observatorio
Supermercado	Superbazaro
Teatro	Teatro
Torre	Turo
Universidad	Universitato

Escalada
Grimpado

Altitud	Alteco
Atmósfera	Atmosfero
Botas	Botoj
Casco	Kasko
Cueva	Kaverno
Curiosidad	Scivolemo
Estabilidad	Stabileco
Estrecho	Mallarĝa
Experto	Sperta
Físico	Fizika
Formación	Trejnado
Fuerza	Forto
Guantes	Gantoj
Guías	Gvidiloj
Lesión	Vundo
Mapa	Mapo
Senderismo	Altiganta
Terreno	Tereno

Escuela #1
Lernejo Numero 1

Alfabeto	Alfabeto
Almuerzo	Tagmanĝo
Amigos	Amikoj
Aula	Klasĉambro
Biblioteca	Biblioteko
Carpetas	Dosierujoj
Diversión	Amuza
Escritorio	Skribotablo
Exámenes	Ekzamenoj
Lápiz	Krajono
Libros	Libroj
Matemática	Matematiko
Papel	Papero
Plumas	Plumoj
Profesor	Instruisto
Respuestas	Respondoj
Silla	Seĝo

Escuela #2
Lernejo #2

Académico	Akademia
Autobús	Buso
Biblioteca	Biblioteko
Calendario	Kalendaro
Ciencia	Scienco
Diccionario	Vortaro
Educación	Eduko
Gramática	Gramatiko
Juegos	Ludoj
Lápiz	Krajono
Lectura	Legado
Libros	Libroj
Literatura	Literaturo
Mochila	Dorsosako
Ordenador	Komputilo
Papel	Papero
Profesor	Instruisto
Ropa	Vestoj
Suministros	Provizoj
Tijeras	Tondilo

Especias
Spicoj

Agrio	Acida
Ajo	Ajlo
Amargo	Amara
Anís	Anizo
Azafrán	Safrano
Canela	Cinamo
Cardamomo	Cardamom
Cebolla	Cepo
Cilantro	Koriandro
Comino	Kumino
Curry	Curry
Dulce	Dolĉa
Hinojo	Fenkolo
Jengibre	Zingibro
Nuez Moscada	Nutmeg
Pimienta	Pipro
Regaliz	Glikorico
Sabor	Gusto
Sal	Salo
Vainilla	Vanilo

Exploración
Esplorado

Actividad	Aktiveco
Agotamiento	Elĉerpiĝo
Animales	Bestoj
Coraje	Kuraĝo
Culturas	Kulturoj
Desconocido	Nekonata
Descubrimiento	Elkovo
Determinación	Determino
Emoción	Ekscito
Espacio	Spaco
Idioma	Lingvo
Nuevo	Nova
Peligroso	Danĝera
Salvaje	Sovaĝa
Terreno	Tereno
Viaje	Vojaĝo

Familia
Familio

Abuela	Avino
Abuelo	Avo
Antepasado	Prapatro
Esposa	Edzino
Hermana	Fratino
Hermano	Frato
Hija	Filino
Infancia	Infanaĝo
Madre	Patrino
Marido	Edzo
Materno	Patrina
Nieto	Nepo
Niño	Infano
Niños	Infanoj
Padre	Patro
Primo	Kuzo
Sobrina	Nevino
Sobrino	Nevo
Tía	Onklino
Tío	Onklo

Flores
Floroj

Amapola	Papavo
Gardenia	Gardenia
Girasol	Sunfloro
Hibisco	Hibisko
Jazmín	Jasmeno
Lavanda	Lavendo
Lila	Siringo
Lirio	Lilio
Magnolia	Magnolia
Margarita	Lekanto
Orquídea	Orkideo
Peonía	Peonio
Pétalo	Petalo
Ramo	Bukedo
Rosa	Rozo
Trébol	Trifolio
Tulipán	Tulipo

Formas
Formoj

Arco	Arko
Bordes	Randoj
Cilindro	Cilindro
Círculo	Cirklo
Cono	Konuso
Cuadrado	Kvadrato
Cubo	Kubo
Curva	Kurbo
Elipse	Elipso
Esfera	Sfero
Esquina	Angulo
Hipérbola	Hiperbolo
Lado	Flanko
Línea	Linio
Oval	Ovala
Pirámide	Piramido
Polígono	Poligono
Prisma	Prismo
Rectángulo	Rectangulo
Triángulo	Triangulo

Fruta
Frukto

Aguacate	Avokado
Albaricoque	Abrikoto
Baya	Bero
Cereza	Ĉerizo
Coco	Kokoso
Frambuesa	Frambo
Guayaba	Guvavo
Kiwi	Kivo
Limón	Citrono
Mango	Mango
Manzana	Pomo
Melocotón	Persiko
Melón	Melono
Naranja	Oranĝo
Nectarina	Nektarino
Papaya	Papajo
Pera	Piro
Piña	Ananaso
Plátano	Banano
Uva	Vinbero

Gatos
Katoj

Cazador	Ĉasisto
Cola	Vosto
Curioso	Kurioza
Dormir	Dormi
Garra	Ungego
Gracioso	Amuza
Hilo	Teksaĵo
Independiente	Sendependa
Juguetón	Ludema
Loco	Freneza
Pata	Paw
Personalidad	Personeco
Piel	Felto
Poco	Eta
Ratón	Muso
Rápido	Rapide
Salvaje	Sovaĝa
Tímido	Timita

Geografía
Geografio

Altitud	Alteco
Atlas	Atlaso
Ciudad	Urbo
Continente	Kontinento
Ecuador	Ekvatoro
Hemisferio	Hemisfero
Isla	Insulo
Latitud	Latitudo
Mapa	Mapo
Mar	Maro
Meridiano	Meridiano
Montaña	Monto
Mundo	Mondo
Norte	Nordo
Oeste	Okcidento
País	Lando
Región	Regiono
Río	Rivero
Sur	Sudo
Territorio	Teritorio

Geología
Geologio

Ácido	Acido
Calcio	Kalcio
Capa	Tavolo
Caverna	Kaverno
Continente	Kontinento
Coral	Koralo
Cristales	Kristaloj
Cuarzo	Kvarco
Erosión	Erozio
Estalactita	Stalaktito
Estalagmitas	Stalagmitoj
Fósil	Fosilo
Géiser	Gejsero
Lava	Lavo
Meseta	Altebenaĵo
Minerales	Mineraloj
Piedra	Ŝtono
Sal	Salo
Terremoto	Tertremo
Volcán	Vulkano

Granja #1
Bieno #1

Abeja	Abelo
Agricultura	Agrikulturo
Agua	Akvo
Arroz	Rizo
Burro	Azeno
Caballo	Ĉevalo
Cabra	Kapro
Campo	Kampo
Cuervo	Korvo
Fertilizante	Sterko
Gato	Kato
Heno	Fojno
Miel	Mielo
Perro	Hundo
Pollo	Kokido
Semillas	Semoj
Ternero	Bovido
Tierra	Tero
Vaca	Bovino
Valla	Barilo

Granja #2
Bieno #2

Agricultor	Kulturo
Animales	Bestoj
Cebada	Hordeo
Comida	Manĝo
Cordero	Ŝafido
Fruta	Frukto
Gansos	Anseroj
Granero	Grenejo
Leche	Lakto
Llama	Lamo
Maduro	Matura
Maíz	Maizo
Oveja	Ŝafo
Pato	Anaso
Prado	Herbejo
Riego	Irigado
Tractor	Tractor
Trigo	Tritiko
Vegetal	Legomo

Herboristería
Herbalism

Ajo	Ajlo
Albahaca	Bazilo
Aromático	Aromaj
Azafrán	Safrano
Calidad	Kvalito
Culinario	Kulinara
Estragón	Tarragon
Flor	Floro
Hinojo	Fenkolo
Ingrediente	Ingredienco
Jardín	Ĝardeno
Lavanda	Lavendo
Mejorana	Marĝoromo
Menta	Mento
Perejil	Petroselo
Planta	Planto
Romero	Romero
Sabor	Gusto
Tomillo	Timiano
Verde	Verda

Herramientas
Iloj

Alicates	Tenajlojn
Antorcha	Torĉo
Cable	Kablo
Cuchillo	Trançilo
Cuerda	Ŝnuro
Escalera	Ŝtupetaro
Grapadora	Agrafilo
Hacha	Hakilo
Martillo	Martelo
Mazo	Maleo
Navaja	Razilo
Pala	Ŝovelilo
Pegamento	Gluo
Rueda	Rado
Tijeras	Tondilo
Tornillo	Ŝraŭbo

Insectos
Insektoj

Abeja	Abelo
Avispa	Vespo
Áfido	Afido
Cigarra	Cikado
Cucaracha	Blato
Escarabajo	Skarabo
Gusano	Vermo
Hormiga	Formiko
Larva	Larvo
Libélula	Libelo
Mantis	Mantiso
Mariposa	Papilio
Mariquita	Ladybug
Mosquito	Moskito
Polilla	Tineo
Pulga	Pulo
Saltamontes	Akrido
Termita	Termito

Instrumentos Musicales
Muzikaj Instrumentoj

Armónica	Harmoniko
Arpa	Harpo
Banjo	Banjo
Clarinete	Klarneto
Fagot	Fagoto
Flauta	Fluto
Gong	Gong
Guitarra	Gitaro
Mandolina	Mandolino
Oboe	Hobojo
Pandereta	Tamburino
Piano	Piano
Saxofón	Saksofono
Tambor	Tamburo
Trombón	Trombono
Trompeta	Trumpeto
Violín	Violono
Violonchelo	Violonĉelo

Jardín
Ĝardeno

Arbusto	Arbusto
Árbol	Arbo
Banco	Benko
Césped	Gazono
Estanque	Lageto
Flor	Floro
Garaje	Garaĝo
Hamaca	Hamako
Hierba	Herbo
Jardín	Ĝardeno
Malezas	Herboj
Manguera	Hoso
Pala	Ŝovelilo
Porche	Verando
Rastrillo	Rasti
Suelo	Trulo
Terraza	Teraso
Trampolín	Trampolino
Valla	Barilo

Juguetes
Ludiloj

Ajedrez	Ŝako
Arcilla	Argilo
Artesanía	Metioj
Avión	Aviadilo
Barco	Boato
Bicicleta	Biciklo
Bola	Pilko
Camión	Kamiono
Coche	Aŭto
Cometa	Kajto
Favorito	Ŝatata
Imaginación	Imagpovo
Juegos	Ludoj
Libros	Libroj
Muñeca	Pupo
Robot	Roboto
Rompecabezas	Enigmo
Tambores	Tamburoj
Tren	Trajno

Libros
Libroj

Autor	Aŭtoro
Aventura	Aventuro
Colección	Kolekto
Contexto	Kunteksto
Dualidad	Dueco
Escrito	Skriba
Historia	Rakonto
Histórico	Historia
Humorístico	Humura
Inventivo	Inventa
Lector	Leganto
Literario	Literatura
Narrador	Rakontanto
Novela	Romano
Página	Paĝo
Pertinente	Relevo
Poema	Poemo
Poesía	Poezio
Serie	Serio
Trágico	Tragika

Literatura
Literaturo

Analogía	Analogio
Análisis	Analizo
Anécdota	Anekdoto
Autor	Aŭtoro
Biografía	Biografio
Comparación	Komparo
Conclusión	Konkludo
Descripción	Priskribo
Diálogo	Dialogo
Estilo	Stilo
Ficción	Fikcio
Metáfora	Metaforo
Narrador	Rakontanto
Novela	Romano
Poema	Poemo
Poético	Poezia
Rima	Rimo
Ritmo	Ritmo
Tema	Temo
Tragedia	Tragedio

Mamíferos
Mamuloj

Ballena	Baleno
Burro	Azeno
Caballo	Ĉevalo
Camello	Kamelo
Canguro	Kanguruo
Cebra	Zebro
Conejo	Kuniklo
Coyote	Kojoto
Delfín	Delfeno
Elefante	Elefanto
Gato	Kato
Gorila	Gorilo
Jirafa	Ĝirafo
Lobo	Lupo
Mono	Simio
Oso	Urso
Oveja	Ŝafo
Perro	Hundo
Toro	Virbovo
Zorro	Vulpo

Mascotas
Dorlotbestoj

Agua	Akvo
Cabra	Kapro
Cachorro	Ido
Cola	Vosto
Collar	Kolumo
Comida	Manĝo
Conejo	Kuniklo
Gatito	Katido
Gato	Kato
Hámster	Hamstro
Lagarto	Lacerto
Loro	Papago
Patas	Piedoj
Perro	Hundo
Pescado	Fiŝo
Ratón	Muso
Tortuga	Testudo
Vaca	Bovino
Veterinario	Veterinaro

Matemáticas
Matematiko

Aritmética	Aritmetiko
Ángulos	Anguloj
Circunferencia	Cirkonferenco
Decimal	Decimala
Diámetro	Diametro
Ecuación	Ekvacio
Esfera	Sfero
Exponente	Eksponento
Fracción	Frakcio
Geometría	Geometrio
Paralelo	Paralelo
Paralelogramo	Paralelogramo
Perímetro	Perimetro
Perpendicular	Perpendikula
Polígono	Poligono
Radio	Radiuso
Rectángulo	Rectangulo
Simetría	Simetrio
Triángulo	Triangulo
Volumen	Volumo

Mediciones
Mezuradoj

Altura	Alto
Ancho	Larĝo
Byte	Bajto
Centímetro	Centimetro
Decimal	Decimala
Grado	Grado
Gramo	Gramo
Kilogramo	Kilogramo
Kilómetro	Kilometro
Litro	Litro
Longitud	Longo
Masa	Maso
Metro	Metro
Minuto	Minuto
Onza	Unco
Peso	Pezo
Profundidad	Profundo
Pulgada	Colo
Tonelada	Tuno
Volumen	Volumo

Meditación
Meditado

Aceptación	Akcepto
Atención	Atentu
Calma	Trankvile
Claridad	Klareco
Compasión	Kompato
Emociones	Emocioj
Felicidad	Feliĉo
Gratitud	Dankon
Mental	Menta
Mente	Menso
Movimiento	Movado
Música	Muziko
Naturaleza	Naturo
Observación	Observo
Paz	Paco
Pensamientos	Pensoj
Perspectiva	Perspektivo
Postura	Sinteno
Respiración	Spirado
Silencio	Silento

Mitología
Mitologio

Arquetipo	Arketipo
Celos	Ĵaluzo
Cielo	Ĉielo
Comportamiento	Konduto
Creación	Kreo
Creencias	Kredoj
Criatura	Besto
Cultura	Kulturo
Desastre	Katastrofo
Fuerza	Forto
Guerrero	Milito
Héroe	Heroo
Inmortalidad	Senmorteco
Laberinto	Labirinto
Leyenda	Legendo
Monstruo	Monstro
Mortal	Morta
Rayo	Fulmo
Trueno	Tondro
Venganza	Venĝo

Mueble
Mebloj

Alfombra	Tapiŝo
Almohada	Kuseno
Banco	Benko
Cama	Lito
Cojines	Kusenoj
Colchón	Matraco
Cortinas	Kurtenoj
Cómoda	Telerbretaro
Escritorio	Skribotablo
Espejo	Spegulo
Estantes	Bretoj
Futón	Tremarktoroj
Hamaca	Hamako
Lámpara	Lampo
Silla	Seĝo
Sillón	Brakseĝo
Sofá	Sofo

Naturaleza
Naturo

Abejas	Abeloj
Animales	Bestoj
Ártico	Arkto
Belleza	Beleco
Bosque	Arbaro
Desierto	Dezerto
Dinámico	Dinamika
Erosión	Erozio
Follaje	Folioj
Glaciar	Glacero
Montañas	Montoj
Niebla	Nebulo
Nubes	Nuboj
Pacífico	Paca
Río	Rivero
Salvaje	Sovaĝa
Santuario	Rifuĝo
Sereno	Serena
Tropical	Tropika
Vital	Nemalhavebla

Nutrición
Nutrado

Amargo	Amara
Apetito	Apetito
Calidad	Kvalito
Calorías	Kalorioj
Cereales	Cerealoj
Comestible	Manĝebla
Dieta	Dieto
Digestión	Digesto
Equilibrado	Ekvilibra
Fermentación	Fermentado
Hábitos	Kutimoj
Nutriente	# Nutra? O
Peso	Pezo
Proteínas	Proteinoj
Sabor	Gusto
Salsa	Saŭco
Salud	Sano
Saludable	Sana
Toxina	Toksino
Vitamina	Vitamino

Números
Nombroj

Catorce	Dek Kvar
Cero	Nul
Cinco	Kvin
Cuatro	Kvar
Decimal	Decimala
Diecinueve	Dek Naŭ
Dieciocho	Dek Ok
Dieciséis	Dek Ses
Diecisiete	Dek Sep
Diez	Dek
Doce	Dek Du
Dos	Du
Nueve	Naŭ
Ocho	Ok
Quince	Dek Kvin
Seis	Ses
Siete	Sep
Trece	Dek Tri
Tres	Tri
Veinte	Dudek

Océano
Oceano

Alga	Algoj
Algas Marinas	Algo
Anguila	Angilo
Arrecife	Rifo
Atún	Tinuso
Ballena	Baleno
Barco	Boato
Camarón	Salikoko
Cangrejo	Krabo
Coral	Koralo
Delfín	Delfeno
Esponja	Spongo
Medusa	Meduzoj
Ostra	Ostro
Pescado	Fiŝo
Pulpo	Polpo
Sal	Salo
Tiburón	Ŝarko
Tormenta	Ŝtormo
Tortuga	Testudo

Paisajes
Pejzaĝoj

Cascada	Akvofalo
Cueva	Kaverno
Desierto	Dezerto
Géiser	Gejsero
Glaciar	Glacero
Golfo	Golfo
Iceberg	Glacebergo
Isla	Insulo
Lago	Lago
Laguna	Laguno
Mar	Maro
Montaña	Monto
Oasis	Oazo
Pantano	Marĉo
Península	Peninsulo
Playa	Plaĝo
Río	Rivero
Tundra	Tundro
Valle	Valo
Volcán	Vulkano

Países #2
Landoj #2

Albania	Albanio
Australia	Aŭstralio
Austria	Aŭstrio
Dinamarca	Danio
Etiopía	Etiopio
Francia	Francio
Grecia	Grekio
Indonesia	Indonezio
Irlanda	Irlando
Jamaica	Jamajko
Japón	Japanio
Laos	Laoso
México	Meksiko
Pakistán	Pakistano
Portugal	Portugalio
Rusia	Rusio
Siria	Sirio
Sudán	Sudano
Ucrania	Ukrainio
Uganda	Ugando

Pájaros
Birdoj

Avestruz	Struto
Águila	Aglo
Cigüeña	Cikonio
Cisne	Cigno
Cuco	Kukolo
Cuervo	Korvo
Flamenco	Flamingo
Ganso	Ansero
Garza	Ardeo
Gaviota	Mevo
Gorrión	Pasero
Halcón	Falko
Huevo	Ovo
Loro	Papago
Paloma	Kolombo
Pato	Anaso
Pelícano	Pelikano
Pingüino	Pingveno
Pollo	Kokido
Tucán	Toucan

Pesca
Fiŝkaptado

Agua	Akvo
Aletas	Naĝiloj
Barco	Boato
Branquias	Brikoj
Cable	Drato
Cebo	Logaĵo
Cesta	Korbo
Cocinar	Kuiristo
Equipo	Ekipaĵo
Exageración	Troigo
Gancho	Hoko
Lago	Lago
Mandíbula	Makzelo
Océano	Oceano
Paciencia	Pacienco
Peso	Pezo
Playa	Plaĝo
Río	Rivero
Temporada	Sezono

Piratas
Piratoj

Ancla	Ankro
Aventura	Aventuro
Bandera	Flago
Brújula	Kompaso
Capitán	Kapitano
Cicatriz	Cikatro
Cueva	Kaverno
Espada	Glavo
Isla	Insulo
Leyenda	Legendo
Loro	Papago
Malo	Malbona
Mapa	Mapo
Monedas	Moneroj
Oro	Oro
Peligro	Danĝero
Playa	Plaĝo
Ron	Rumo
Tesoro	Trezoro
Tripulación	Skipo

Plantas
Plantoj

Arbusto	Arbusto
Árbol	Arbo
Bambú	Bambuo
Baya	Bero
Bosque	Arbaro
Botánica	Botaniko
Cactus	Kakto
Fertilizante	Sterko
Flor	Floro
Flora	Flora
Follaje	Folioj
Frijol	Fabo
Hiedra	Hedero
Hierba	Herbo
Hoja	Folio
Jardín	Ĝardeno
Musgo	Musko
Pétalo	Petalo
Raíz	Radiko
Vegetación	Vegetaĵaro

Playa
Strando

Arena	Sablo
Arrecife	Rifo
Azul	Blua
Barco	Boato
Cangrejo	Krabo
Costa	Marbordo
Isla	Insulo
Laguna	Laguno
Mar	Maro
Océano	Oceano
Paraguas	Ombrelo
Sandalias	Sandaloj
Sol	Suno
Toalla	Tuko
Vacaciones	Ferio
Velero	Velŝipo

Profesiones #1
Profesioj #1

Abogado	Advokato
Astrónomo	Astronomo
Atleta	Atleto
Bailarín	Dancisto
Banquero	Bankisto
Bombero	Fajrofomista
Cartógrafo	Kartografo
Cazador	Ĉasisto
Doctor	Doktoro
Editor	Redaktoro
Embajador	Ambasadoro
Enfermera	Vartistino
Entrenador	Trejnisto
Fontanero	Plumbisto
Geólogo	Geologo
Joyero	Juvelisto
Músico	Muzikisto
Pianista	Pianisto
Psicólogo	Psikologo
Veterinario	Veterinaro

Profesiones #2
Profesioj #2

Astronauta	Astronaŭto
Bibliotecario	Bibliotecario
Biólogo	Biologo
Cirujano	Kirurgo
Dentista	Dentisto
Detective	Detektivo
Filósofo	Filozofo
Fotógrafo	Fotisto
Ilustrador	Ilustristo
Ingeniero	Inĝeniero
Inventor	Inventinto
Investigador	Esploristo
Jardinero	Ĝardenisto
Lingüista	Lingvisto
Médico	Kuracisto
Periodista	Ĵurnalisto
Piloto	Piloto
Pintor	Pentristo
Profesor	Instruisto
Zoólogo	Zoologo

Rellenar
Por Plenigi

Bandeja	Plato
Barril	Barelo
Bolsa	Sako
Bolsillo	Poŝo
Botella	Botelo
Cajón	Kesto
Carpeta	Dosierujo
Cartón	Kartono
Cesta	Korbo
Cubo	Sitelo
Cuenca	Baseno
Jarrón	Vazo
Maleta	Valizo
Paquete	Paketo
Sobre	Koverto
Tubo	Tubo

Restaurante #1
Restoracio Numero 1

Alergia	Alergio
Café	Kafo
Cajero	Kasisto
Camarera	Kelnerino
Carne	Viando
Cocina	Kuirejo
Comida	Manĝo
Cuchillo	Tranĉilo
Ingredientes	Ingredientej
Menú	Menuo
Pan	Pano
Picante	Spica
Pollo	Kokido
Postre	Deserto
Reserva	Rezervado
Salsa	Saŭco
Servilleta	Buŝtuko
Tazón	Bovlo

Restaurante #2
Restoracio #2

Agua	Akvo
Almuerzo	Tagmanĝo
Bebida	Trinkaĵo
Camarero	Kelnero
Cena	Vespermanĝo
Cuchara	Kulero
Delicioso	Bonaj
Ensalada	Salato
Especias	Specoj
Fruta	Frukto
Hielo	Glacio
Huevos	Ovoj
Pastel	Kuko
Pescado	Fiŝo
Sal	Salo
Silla	Seĝo
Sopa	Supo
Tenedor	Forko
Verduras	Legomoj

Ropa
Vestoj

Abrigo	Mantelo
Blusa	Bluzo
Bufanda	Skulo
Camisa	Ĉemizo
Chaqueta	Jako
Cinturón	Zono
Collar	Koliero
Delantal	Antaŭtuko
Falda	Jupo
Guantes	Gantoj
Joyas	Juveloj
Moda	Modo
Pantalones	Pantalono
Pijama	Piĵamo
Pulsera	Braceleto
Sandalias	Sandaloj
Sombrero	Ĉapelo
Suéter	Seveter
Vestido	Vesto
Zapato	Ŝuo

Selva Tropical
Pluvarbaro

Anfibios	Amfibioj
Botánico	Botaniko
Clima	Klimato
Comunidad	Komunumo
Diversidad	Diverseco
Especie	Specio
Indígena	Indiĝena
Insectos	Insektoj
Mamíferos	Mamuloj
Musgo	Musko
Naturaleza	Naturo
Nubes	Nuboj
Pájaros	Birdoj
Preservación	Konservado
Refugio	Rifuĝo
Respeto	Respekto
Restauración	Restaro
Selva	Ĝangalo
Supervivencia	Supervivo
Valioso	Valora

Senderismo
Altiganta

Acantilado	Klifo
Agua	Akvo
Animales	Bestoj
Botas	Botoj
Camping	Tendumado
Cansado	Laca
Clima	Klimato
Cumbre	Punto
Guías	Gvidiloj
Mapa	Mapo
Montaña	Monto
Naturaleza	Naturo
Orientación	Orientiĝo
Parques	Parkoj
Pesado	Peza
Piedras	Ŝtonoj
Preparación	Preparo
Salvaje	Sovaĝa
Sol	Suno

Suministros de Arte
Arto Provizoj

Aceite	Oleo
Acrílico	Akriliko
Acuarelas	Akvareloj
Agua	Akvo
Arcilla	Argilo
Borrador	Eraser
Caballete	Establo
Carbón	Karbo
Cámara	Fotilo
Cepillos	Brosoj
Colores	Koloroj
Creatividad	Kreavo
Ideas	Ideoj
Lápices	Krajonoj
Mesa	Tablo
Papel	Papero
Pasteles	Pasteloj
Pegamento	Gluo
Silla	Seĝo
Tinta	Inko

Surf
Surfado

Arrecife	Rifo
Atleta	Atleto
Campeón	Ĉampiono
Clima	Vetero
Diversión	Amuza
Espuma	Ŝaŭmo
Estilo	Stilo
Estómago	Stomako
Extremo	Ekstrema
Fuerza	Forto
Multitudes	Amasoj
Océano	Oceano
Ola	Ondo
Playa	Plaĝo
Popular	Populara
Principiante	Komencanto
Velocidad	Rapido

Tecnología
Teknologio

Archivo	Dosiero
Bytes	Bajtoj
Cámara	Fotilo
Cursor	Kursoro
Datos	Datumo
Digital	Digitalo
Estadísticas	Statistiko
Fuente	Tiparo
Internet	Interreto
Investigación	Esplorado
Mensaje	Mesaĝo
Navegador	Retumilo
Ordenador	Komputilo
Pantalla	Ekrano
Seguridad	Sekureco
Software	Softvaro
Virtual	Virtuala
Virus	Viruso

Tiempo
Tempo

Ahora	Nun
Antes	Antaŭ
Año	Jaro
Ayer	Hieraŭ
Calendario	Kalendaro
Década	Jardeko
Día	Tago
Futuro	Estonteco
Hora	Hora
Hoy	Hodiaŭ
Mañana	Mateno
Mediodía	Tagmezo
Mes	Monato
Minuto	Minuto
Momento	Momento
Noche	Nokto
Reloj	Horloĝo
Semana	Semajno
Siglo	Jarcento
Temprano	Frue

Tipos de Cabello
Haraj Tipoj

Blanco	Blanka
Brillante	Brila
Calvo	Kalva
Coloreado	Koloraj
Corto	Mallonga
Delgada	Maldika
Gris	Griza
Grueso	Dika
Largo	Longa
Marrón	Bruna
Negro	Nigra
Plata	Arĝento
Rizado	Bukla
Rizos	Bukloj
Rubio	Blonda
Saludable	Sana
Seco	Seka
Suave	Mola
Trenzado	Braided
Trenzas	Plektaĵoj

Vacaciones #1
Ferio #1

Aduana	Dogano
Avión	Aviadilo
Billete	Bileto
Coche	Aŭto
Expedición	Expedicio
Itinerario	Itinero
Lago	Lago
Maleta	Valizo
Mochila	Dorsosako
Moneda	Valuto
Museo	Muzeo
Paraguas	Ombrelo
Relajación	Malstreĉiĝo
Salida	Parto
Tranvía	Tramo
Turista	Turisto

Vacaciones #2
Ferio #2

Aeropuerto	Flughaveno
Carpa	Tendo
Destino	Destino
Extranjero	Fremda
Fotos	Fotoj
Hotel	Hotelo
Isla	Insulo
Mapa	Mapo
Mar	Maro
Montañas	Montoj
Ocio	Libertempo
Pasaporte	Pasporto
Playa	Plaĝo
Restaurante	Restoracio
Taxi	Taksio
Transporte	Transportado
Tren	Trajno
Vacaciones	Ferio
Viaje	Vojaĝo
Visa	Viza

Vehículos
Veturiloj

Ambulancia	Ambulanco
Autobús	Buso
Avión	Aviadilo
Balsa	Floso
Barco	Boato
Bicicleta	Biciklo
Camión	Kamiono
Caravana	Karavano
Coche	Aŭto
Cohete	Raketo
Ferry	Primo
Helicóptero	Helikoptero
Lanzadera	Pramo
Metro	Metroo
Motor	Motoro
Neumáticos	Pneŭoj
Submarino	Submarŝipo
Taxi	Taksio
Tractor	Tractor
Tren	Trajno

Verano
Somero

Alegría	Ĝojo
Amigos	Amikoj
Buceo	Plonĝo
Camping	Tendumado
Comida	Manĝo
Estrellas	Steloj
Familia	Familio
Hogar	Hejmo
Jardín	Ĝardeno
Juegos	Ludoj
Libros	Libroj
Mar	Maro
Música	Muziko
Ocio	Libertempo
Playa	Plaĝo
Recuerdos	Memoroj
Relajación	Malstreĉiĝo
Sandalias	Sandaloj
Vacaciones	Ferio
Viaje	Vojaĝo

Verduras
Legomoj

Ajo	Ajlo
Alcachofa	Artiŝoko
Apio	Celerio
Berenjena	Melanzo
Brócoli	Brokolo
Calabaza	Kukurbo
Cebolla	Cepo
Ensalada	Salato
Espinacas	Spinaco
Guisante	Pizo
Jengibre	Zingibro
Nabo	Rapo
Oliva	Olivo
Patata	Terpomo
Pepino	Kukumo
Perejil	Petroselo
Rábano	Rafano
Seta	Fungo
Tomate	Tomato
Zanahoria	Karoto

Virtudes #1
Virtoj #1

Apasionado	Pasia
Artístico	Arta
Bien	Bona
Curioso	Kurioza
Decisivo	Decida
Eficiente	Efika
Encantador	Ĉarma
Fiable	Fidinda
Generoso	Malavara
Gracioso	Amuza
Independiente	Sendependa
Inteligente	Inteligenta
Limpio	Pura
Modesto	Modesta
Paciente	Paciento
Práctico	Praktika
Sabio	Saĝa
Útil	Helpema

Enhorabuena

Lo has conseguido!

Esperamos que hayas disfrutado de este libro tanto como nosotros al diseñarlo. Nos esforzamos por crear libros de la máxima calidad posible.
Esta edición está diseñada para proporcionar un aprendizaje inteligente, de calidad y divertido!

¿Te ha gustado este libro?

Una Petición Sencilla

Estos libros existen gracias a las reseñas que se publican.
¿Podrías ayudarnos dejando una reseña ahora?
Aquí tienes un breve enlace a la página de reseñas

BestBooksActivity.com/Opiniones50

¡DESAFÍO FINAL!

Reto n°1

¿Estás listo para tu juego gratis? Los utilizamos siempre, pero no son tan fáciles de encontrar. ¡Aquí están los **Sinónimos!**

Escribe 5 palabras que hayas encontrado en los rompecabezas (#21, #36, #76) y trata de encontrar 2 sinónimos para cada palabra.

Escriba 5 palabras del *Puzzle 21*

Palabras	Sinónimo 1	Sinónimo 2

Escriba 5 palabras del *Puzzle 36*

Palabras	Sinónimo 1	Sinónimo 2

Escriba 5 palabras del *Puzzle 76*

Palabras	Sinónimo 1	Sinónimo 2

Reto n°2

Ahora que te has calentado, escribe 5 palabras que hayas encontrado en los Puzzles 9, 17 y 25 e intenta encontrar 2 antónimos para cada palabra. ¿Cuántos puedes encontrar en 20 minutos?

Escriba 5 palabras del **Puzzle 9**

Palabras	Antónimo 1	Antónimo 2

Escriba 5 palabras del **Puzzle 17**

Palabras	Antónimo 1	Antónimo 2

Escriba 5 palabras del **Puzzle 25**

Palabras	Antónimo 1	Antónimo 2

Reto n°3

¡Genial! Este desafío final no es nada para ti.

¿Preparado para el reto final? Elige 10 palabras que hayas descubierto en los diferentes rompecabezas y escríbelas a continuación.

1.	6.
2.	7.
3.	8.
4.	9.
5.	10.

Ahora escribe un texto pensando en una persona, un animal o un lugar que te guste.

Puedes usar la última página de este libro como borrador.

Tu Composición:

CUADERNO DE NOTAS :

HASTA PRONTO !

Todo el Equipo

DESCUBRA JUEGOS GRATIS

GO

↓

BESTACTIVITYBOOKS.COM/FREEGAMES